D1701983

HÜTTEN²

Neue Sehnsuchtsorte in den Alpen

»BEI MEINEN BERGSTEIGERISCHEN
UNTERNEHMUNGEN HATTE ICH
ALLZEIT DEN GRUNDSATZ:
ES KOMMT NICHT AUF DIE LEISTUNG,
SONDERN AUF DAS ERLEBNIS AN.«

Anderl Heckmair in den 1990er-Jahren

BERND RITSCHEL
FRANK EBERHARD
SANDRA FREUDENBERG
HÜTTEN²
Neue Sehnsuchtsorte in den Alpen
NATIONAL GEOGRAPHIC

INHALT

DEUTSCHLAND

ÖSTERREICH

SCHWEIZ

ITALIEN

Geschafft! Ankunft an der Winnebachseehütte in den Stubaier Alpen.

Ein solches Dolomitenpanorama fasziniert am Rifugio Nuvolau. ▽▽

Vorwort

SEHNSUCHT, ZUFLUCHT UND FASZINATION

Schier unermesslich scheint die Bandbreite an Hütten in unseren Bergen: Vom riesigen Haus auf einem beliebten Fernwanderweg bis zur kleinen Selbstversorgerhütte in einem weithin unbekannten Eck der Alpen. Vom abgelegenen Schutzhaus inmitten alpiner Wildnis bis zum leicht erreichbaren Aussichtsort. In diesem Buch finden sich solche Hütten, die um ihrer selbst willen ein lohnendes Ziel sind, nicht nur eine Zwischenstation auf einer Weitwanderung oder ein Sprungbrett zu einem namhaften Gipfel. Es sind Häuser, die gut in ihre Umgebung passen, liebevoll geführt sind und die Umwelt möglichst wenig belasten.

Die Hütten, die wir hier in Bild und Text porträtieren, verteilen sich auf vier Länder: Deutschland, Österreich, die Schweiz und Italien. Unter ihnen sind Geheimtipps wie die Wiwannihütte im Wallis und bekannte Häuser mit Blick auf berühmte Berge wie die Tschiervahütte zwischen Piz Bernina und Piz Roseg. Zu manchen, wie etwa zur Blaserhütte in den Stubaier Alpen, führen breite Wege. Die Anstiege zu Schreckhorn- oder Erlanger Hütte dagegen stellen schweißtreibende und teils anspruchsvolle Bergtouren dar.

Für spektakuläre Bilder sowie aktuelle Geschichten und Informationen rund um diese Sehnsuchtsorte waren wir kreuz und quer in den Alpen unterwegs und haben unter anderem den heißen und weitgehend trockenen Sommer 2018 von Anfang bis Ende genutzt. Über 35000 Höhenmeter im Aufstieg kamen allein in dieser Zeit dabei zusammen. Beim Sichten und Sortieren der rund 30000 entstandenen Aufnahmen und beim Schreiben der Texte lebten zu Hause die Schönheit und Intensität der vielen Hüttentouren noch einmal auf.

Die Nächte in den Unterkünften gestalteten sich vor allem für den Fotografen kurz: Bilder bei Sonnenauf- und -untergang sind Pflicht, klar. Doch als nach einem Wettersturz im August nachts über der Rieserfernerhütte in Südtirol der Himmel aufreißt, heißt es: Nichts wie raus und zwei Stunden lang bei minus 16 Grad im Licht des Vollmonds Fotos schießen. Glücklich war dagegen, wer nach den meist spätabendlichen Interviews mit den Hüttenwirten einigermaßen durchschlafen durfte. Erst am nächsten Morgen galt es wieder, die spektakulärsten Strecken auf dem Weg zum Gipfel oder zurück ins Tal möglichst fotogen zurückzulegen.

Das Ergebnis dieser Abenteuer, liebe Leserinnen und Leser, halten Sie hier in den Händen: Bildstrecken und 30 Geschichten über Hütten in vier Ländern, die Sie hoffentlich nicht nur zum Träumen, sondern auch zu Ihrer nächsten Wanderung anregen werden.

Viel Freude mit diesem Bildband und in den Bergen wünschen

Bernd Ritschel, Frank Eberhard
und Sandra Freudenberg

DEUTSCHLAND

Blick über das Rappenalpental im Allgäu. △

König Ludwigs Schachenschloss liegt auf dem Weg zur Meilerhütte.

Die nördliche Karwendelkette im Licht der Nacht. ▽▽

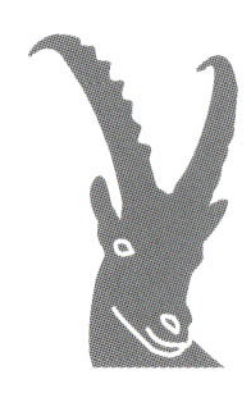

»FÜR ZAHLLOSE MENSCHEN WIRD
EINE ZEIT KOMMEN,
IN DER SIE SICH NACH EINEM LANDE SEHNEN
UND ZU EINEM FLECK ERDE FLÜCHTEN,
WO DIE MODERNE KULTUR, TECHNIK, HABGIER
UND HETZE NOCH EINE FRIEDLICHE STÄTTE
WEIT VOM LÄRM, GEWÜHL, RAUCH UND
STAUB DER STÄDTE ÜBRIGGELASSEN HAT.«

Ludwig II. von Bayern
um 1872

Sonnenaufgang an den Törlspitzen über der Meilerhütte.

An der Brunnsteinhütte über Mittenwald. ▽▽

»AUCH NACH DREISSIG JAHREN ALS FOTOGRAF IST NOCH IMMER JEDER TAG IN DEN BERGEN FÜR MICH EIN GESCHENK.«

Bernd Ritschel

Brauerei Mittenwald

Das moderne Waltenberger Haus liegt nahe des mächtigen Allgäuer Dreigestirns Trettachspitze-Mädelegabel-Hochfrottspitze.

Waltenberger Haus

IM STEINBOCKLAND UNTERM DREIGESTIRN

In die tiefsten Tiefen der Allgäuer Berge führt die Tour zum Waltenberger Haus. Dichtes Grün, die berüchtigte Allgäuer Hypervegetation, dominiert lange im steilen Gelände des Bacherlochs, durch das sich ein schmaler Pfad schlängelt. Der düstere Tobel, dessen südliches Ende Schneeloch heißt, sieht wenig Sonne. Ganz anders das moderne Waltenberger Haus: Der Neubau von 2017 schmiegt sich auf 2084 Meter Höhe an die steilen Hänge unterhalb des selten bestiegenen Östlichen Bergs der Guten Hoffnung. Noch eine Etage höher, oberhalb des schotterigen Bockkars, formt das Dreigestirn Trettachspitze-Mädelegabel-Hochfrottspitze sozusagen die Krone der Allgäuer Alpen.

Bereits seit 1875 steht an dieser Stelle eine Hütte, die mehrmals ihre Form wechselte, zuletzt radikal, hin zum hellen, großzügigen und funktionalen Neubau mit 70 Schlafplätzen und 18 Notlagern. Davon sind nicht nur viele Besucher, sondern auch Wirt Markus Karlinger und seine Familie begeistert. »Jetzt ist es ein richtiges Leben hier oben, vorher war es eher ein Hausen«, sagt er von den vier Monaten, die er seit 2010 jeden Sommer hier oben verbringt. In dieser Zeit verlässt er seine »kleine heile Welt« so selten wie möglich, manchmal gar nicht. Er bewirtet vor allem Wanderer, die mehrere Tage von Hütte zu Hütte unterwegs sind. »Die bekannteste Runde ist die Steinbockrunde«, erzählt er. »Dort findest du normalerweise wirklich auf jeder Etappe Steinböcke, es sind sehr standorttreue Tiere.« Wie der Name schon sagt, sind sie im Bockkar oberhalb der Hütte zu finden. Mit einem Lächeln erzählt Karlinger von Tieren, die sich bei wenig Betrieb schon beinahe bis an seine Terrasse herangetraut haben.

Hütteninfos

HÖHE	2084 m
TALORT	Oberstdorf (813 m)
ANFAHRT	Mit dem Auto an Kempten vorbei und bei Waltenhofen auf die B19 bis nach Oberstdorf. Die Straße ist bis zu den Parkplätzen an der Fellhornbahn für den öffentlichen Verkehr freigegeben. Mit dem Zug nach Oberstdorf und mit dem Wanderbus bis nach Birgsau.
ZUSTIEG	Über Birgsau zum Weiler Einödsbach und dem Weg entlang des Bacherlochbachs folgen. Steil, teils gesichert, führt er aus dem tief eingeschnittenen Gelände hinaus und zur Hütte.
HÖHENMETER	1200
SCHLAFPLÄTZE	28 Plätze im Matratzenlager und 42 Zimmerbetten.
KARTE	Kompass Blatt 3 *Allgäuer Alpen–Kleinwalsertal,* 1:50000
BUCHUNG	Buchungstool auf www.waltenbergerhaus.de

Über dem Kar, an der berühmten Mädelegabel (2645 m) und dem Mini-Gletscher Schwarze Milz vorbei, sowie über den Gipfel des Bockkarkopfs (2609 m) verläuft der Heilbronner Weg. Diese hochalpine, teils klettersteigähnliche Verbindung von Rappensee- und Kemptener Hütte beschert auch dem Waltenberger Haus Besucher. In geringerem Maß gilt das auch für die Trettachspitze (2595 m), das schwer zu besteigende Felshorn. »Ab und zu kommen Leute mit Bergführer deswegen her, aber eher wenige«, erzählt Markus Karlinger. Vor allem gehen Allgäuer und andere Bergsteiger, die sich auskennen, dort hinauf. Sie kehren dann meist nach der klassischen Überschreitung bei ihm ein, zum Beispiel auf eine seiner hervorragenden und bereits optisch überzeugenden Brotzeitplatten.

Doch nicht nur die Berge oberhalb der Hütte haben es in sich. Das Waltenberger Haus hängt wegen seiner Lage als einzige Hütte in den Allgäuer Alpen von einer Versorgung per Helikopter ab. Der Aufstieg gehört zu den schwierigsten in der Region. Schließlich müssen Besucher lange ins autofreie Tal nach Einödsbach wandern oder radeln. Im Bacherloch halten sich Schneereste bis tief in den Sommer hinein, und der Pfad führt oft durch Absturzgelände. Oben helfen sogar Drahtseile und Metallstege im steilen Fels weiter. So gelangen Wanderer Schritt für Schritt zum Haus in den tiefsten Tiefen des Allgäus.

Nacht über dem Waltenberger Haus. Am anderen Morgen wandern die meisten Gäste von hier aus zur nächsten Hütte weiter. Beliebt sind die Steinbockrunde und der Heilbronner Weg.

Wirt Markus Karlinger und der WLAN-Schlüssel: Internet gibt es in diesem entlegenen Eck trotz Neubau nicht. Dafür sorgt Karlinger jeden Abend für eine gemütlich warme Stube. ◁

Dank der Panoramafenster genießen seine Gäste auch dann noch den Blick in die Allgäuer Bergwelt, wenn es draußen kühl wird. ▷

»HIER OBEN HABE ICH TROTZ VIELER ARBEIT
MEINE KLEINE HEILE WELT.«

Markus Karlinger

Wie eine Trutzburg thront die Meilerhütte spektakulär in einer Scharte an der deutsch-österreichischen Grenze.

Meilerhütte

DIE FESTUNG IN DER SCHARTE

Wie eine Burg sitzt sie da oben in der Scharte – die Meilerhütte auf 2366 Meter Höhe im Wettersteingebirge. Alle Wege dorthin gestalten sich lang und erfordern ordentliche Bergsteigerwaden. Vor allem wer von Deutschland aus zusteigt, glaubt kaum, dass es im schmalen Alpenstreifen diesseits der Grenze eine so ausgedehnte Wandertour gibt. Wohlgemerkt zu einer Hütte in Deutschland und ohne Kletterei. Oben weht oft frischer Wind, und das Hochgebirge präsentiert sich von seiner rauen, spektakulären Seite.

Wer noch den leichten, aber ausgesetzten und geröllligen Klettersteig zur Partenkirchner Dreitorspitze (2633 m) anhängt, erlebt eine 1900-Höhenmeter-Aussichtstour, die in Sachen Vielfalt ihresgleichen sucht. Das bestätigt auch Hüttenwirtin Marisa Sattlegger in der frisch eingeheizten Stube: »Ganz viele unserer Übernachtungsgäste kommen für die Sonnenauf- und -untergänge.« Schließlich fallen das erste und das letzte Licht des Tages genau in die Scharte, in der die Meilerhütte thront. Tatsächlich übertrifft die Zahl der reinen Hüttenwanderer die der Klettersteiggeher und der Kletterer, die sich zum Beispiel an den anspruchsvollen Routen am Bayerländerturm austoben.

Bereits seit 1995 führt Marisa Sattlegger aus Kärnten die Hütte von Mitte Juni bis, wenn der Schnee es zulässt, zum Tag der Deutschen Einheit am 3. Oktober. Wie ihre Eltern seit 1974 vor ihr, verbringt sie die Winter in ihrer 400 Kilometer entfernten Heimat – ein seltenes Gegenmodell zu den zahlreichen deutschen Hüttenwirten – in Österreich.

Doch fangen wir vorn, oder besser gesagt unten an: Denn der Weg zur Hütte ist weit, lässt sich aber besonders abwechslungsreich gestalten. Vom großen Parkplatz am Ende der Mautstraße nach Elmau schlängelt sich eine gute Forststraße beziehungsweise später ein breiter, aber grober Karrenweg

Hütteninfos

HÖHE	2366 m
TALORT	Elmau (1008 m)
ANFAHRT	Mit dem Auto über Garmisch-Partenkirchen (Westen) oder Krün (Osten) nach Klais. Dort der Beschilderung nach Elmau folgen. Das letzte Stück führt über eine Mautstraße. Mit dem Zug nach Garmisch-Partenkirchen oder Klais und mit dem Bus nach Krün oder, seltenere Fahrten, direkt zum Schloss Elmau.
ZUSTIEG	Über breiten Forstweg, später auf Karrenweg zum Schachenschloss. Am Schloss vorbei und im weiten Linksbogen zur Meilerhütte.
HÖHENMETER	1400
SCHLAFPLÄTZE	11 Betten in Zimmern und 70 Plätze im Matratzenlager
KARTE	Kompass Blatt 25 *Zugspitze–Mieminger Kette*, 1:50 000
BUCHUNG	Tel. +49.171.5227897

durch meist schattigen Wald zum Schachenhaus. Wer sportlich-schnell unterwegs ist, vor allem an nur einem Tag, kann diese ersten 800 Höhenmeter und neun Kilometer Strecke hinauf radeln. Schweiß in Strömen, aber auch Wald- und später Aussichtsgenuss sind dabei garantiert. Wer eine gemütliche Hüttentour plant, baut mit nur kurzem Umweg eine erste Einkehr an der von spektakulären Kalkwänden eingerahmten Wettersteinalm ein. Am Schachen gibt es eine Insel der Zivilisation: Dort wartet neben einer Einkehr ein architekturhistorisches Juwel: das 1872 fertiggestellte hölzerne Königshaus Ludwigs II.

Weiter oberhalb zeigt sich das Gelände dann deutlich alpiner, aber nie schwer. Es geht dabei über kleine Felsgrate und durch steile Flanken – beste Blicke auf das Zugspitzplatt und Deutschlands höchsten Gipfel inklusive. Nach gut eineinhalb Stunden Gehzeit ab dem Schachen erreichen Wanderer die einer Festung ähnelnde Meilerhütte – nur wenige Schritte von Österreich entfernt. Wer mit der Dreitorspitze noch einen draufsetzen möchte, quert dann schaurig-schön unter dem Bayerländerturm zum Klettersteig in grandioser Riesenlandschaft. Kaum zu glauben, dass es in Deutschland eine so lange und abwechslungsreiche Bergtour gibt.

Der Mond linst hinter dem Bayerländerturm und den Dreitorspitzen hervor. Hinten rechts ist das Zugspitzplatt zu sehen.

Ein Sonnenaufgang auf dem Krottenkopf mit Blick bis zur Zugspitze. Dann ein Frühstück in der Weilheimer Hütte einnehmen. Was gibt es Schöneres?

Weilheimer Hütte

DIE SONNENGRUSS-HÜTTE IM ESTERGEBIRGE

Es mag an der heimeligen Stube dieser Unterkunft liegen, dass die Gäste schnell Bekanntschaft miteinander schließen. Die meisten sind Wanderer, die ein wenig Abstand zum Alltag und die Geborgenheit einer Berghütte suchen. Abends wird hier oft in großer Runde gewürfelt, nach sehr eigenwilligen Regeln. Dazu gibt's Bier aus Mittenwald und Obstsäfte aus Garmisch-Partenkirchener Produktion. Nicht selten beschließen die Gäste, am folgenden Morgen sehr früh zusammen aufzubrechen – um auf dem Gipfel des nahen Krottenkopfs (2086 m – circa 1296 Höhenmeter Aufstieg) die aufgehende Sonne zu begrüßen. Zu Hause würden sie das vermutlich nie tun, doch die familiäre Atmosphäre der Weilheimer Hütte regt zu solchen Aktivitäten geradezu an.

Errichtet wurde das Haus, das auch Krottenkopfhütte genannt wird, auf 1956 Meter Höhe. Um die kleine Trutzburg auf dem Sattel zwischen Riß- und Krottenkopf dehnt sich großzügig Weideland aus; unermüdlich bimmeln die Glöckchen der Bergschafe, die hier grasen. Die Weitläufigkeit der Hochebene erlaubt Kindern ausgiebiges »Herumstrawanzen«. Da spielt es kaum eine Rolle, dass die umliegenden Gipfel wenig spektakulär sind. Umso schöner ist der Ausblick ins Wettersteingebirge, den sie bietet.

Wirt Christian Weiermann hat die Weilheimer Hütte 1999 übernommen. Er versteht es großartig, Stimmungen in Fotos festzuhalten. Wie die meisten Hüttenwirte arbeitet er mehr als viele Konzernmanager und gönnt sich nur alle zwei bis drei Wochen einen freien Tag. Seine Freude an der und seine Achtsamkeit für die Arbeit spiegeln sich auf der Speisekarte wider – jedes Gericht kann bedenkenlos empfohlen werden, die Zutaten kommen aus der Region.

Hütteninfos

HÖHE	1956 m
TALORT	Eschenlohe; auch vom Walchensee, Barmsee und von Oberau führen alte Jägersteige hinauf.
ANFAHRT	Auf der A95 und B2 Richtung Garmisch-Partenkirchen bis Eschenlohe oder weiter bis Garmisch-Partenkirchen zur Wankbahn.
ZUSTIEG	Zur Hütte gibt es etliche Zustiege, von Eschenlohe über die Pustertalalm geht man circa 5 Stunden. Ein anderer Weg führt mithilfe der Wankbahn am Ortseingang von Garmisch-Partenkirchen von der Bergstation über die Esterbergalm (circa 3 Stunden Gehzeit).
HÖHENMETER	625 ab Eschenlohe
SCHLAFPLÄTZE	circa 50 Betten in Lagern, Mehrbett-, Doppel- und Einzelzimmern
KARTE	Topografische Karte des Bayerischen Vermessungsamtes: *Karwendelgebirge–Werdenfelser Land*, 1:50 000
BUCHUNG	Tel. +49.170.2708052

Gemeinsam mit einer seiner beiden Töchter, die seit ihrem zweiten Lebensjahr auf der Hütte zu Hause ist, steht Weiermann in der kleinen, hellen Küche. Eine moderne Interpretation alpenländischer Musik tönt aus dem Ghettoblaster. Der Wirt schneidet Zwiebeln und heult. »Daran habe ich mich auch nach 20 Jahren noch nicht gewöhnt«, klagt der gelernte Schreiner. Der Anspruch an sich selbst ist hoch. »Ein ›Passt schon‹ ist nicht das, was ich mir von den Gästen wünsche. Extrig gut soll es schmecken.« Es ist wohl kein Wunder, dass sich Weiermanns Gäste ausgesprochen wohl fühlen.

Wenn am Abend die große Ruhe in den Tälern und auf den Bergen eintritt, grüßt ein warmes Licht aus der freundlichen Weilheimer Hütte. Wer hier ankommt, war lange unterwegs. △

Morgendämmerung über dem Isartal mit Blick auf den Guffert und den Wilden Kaiser. ▷

Die Gäste der Brunnsteinhütte genießen eine besonders urige und idyllische Atmosphäre, dazu überall wunderbare Ausblicke. Kinder sind hier ganz herzlich willkommen.

Brunnsteinhütte

EIN PLATZ FÜR FAMILIEN

Die kleine Brunnsteinhütte wirkt wie eine liebevoll gepflegte Alm. Bescheiden nimmt sie sich aus auf ihrem kleinen Plateau mit der großartigen Aussicht von der Westterrasse. Die dunkelbraune Holzverkleidung duftet in der Sonne noch immer ein wenig harzig, die von moosgrünen Fensterläden gerahmten Scheiben sind innen mit Häkelspitzen verziert. Schlicht und wohl proportioniert ist auch die Stube, wo sich die blankgeputzten Tische und Brettstühle zum Kachelofen gesellen. Wie auf einer Alm üblich schaut täglich Besuch aus dem Tal herauf, mehr Freunde als Gäste. Darunter auch Musikanten, die nur zu gern aufspielen. Zusätzlich lädt der Hüttenwirt Blue-Grass-Bands zu kleinen Konzerten ein.

Gastgeber Peter Gallenberger ist mit Leib und Seele Bergsteiger: Für den Weg vom Tal bis zu seinem Arbeitsplatz braucht er 30 Minuten, wo die meisten Wanderer 90 Minuten benötigen. Damit seine Gäste »im Frühtau zu Berge zieh'n« können, steht er um 4.30 Uhr auf, um 5 Uhr gibt es köstlichen Kaffee aus Bohnen von einer lokalen Rösterei. Dazu ein reichhaltiges Frühstück mit Wurst und Käse aus der Umgebung. »Meine Gäste können gemütlich vor den Bergbahn-Besuchern in den Mittenwalder Höhenweg einsteigen. Ich persönlich empfehle aber den Heinrich-Noé-Steig; der ist einsamer.« Der Mittenwalder Höhenweg ist ein leichter Klettersteig, der Noé-Steig hingegen ein Weg und mit ein wenig Trittsicherheit gut zu schaffen.

Die Hütte ist ein hervorragender Ausgangspunkt für große und kleine Touren. Da wäre der Leitersteig, mittlerweile ohne Leitern, die durch eine 50 Meter lange Hängebrücke ersetzt wurden – ein Riesenspaß! Dann die Westliche Karwendelspitze (Gehzeit 3.30 Stunden) oder der Hausberg, die Brunnsteinspitze (Gehzeit 2.35 Stunden).

Hütteninfos

HÖHE	1560 m
TALORT	Mittenwald
ANFAHRT	Mit dem Auto über Garmisch-Partenkirchen nach Mittenwald. Der Parkplatz befindet sich 3 km vom südlichen Ortsende von Mittenwald bei der Karwendelbahn. Es besteht eine sehr gute Bahnverbindung von München oder Innsbruck nach Mittenwald.
ZUSTIEG	Der Zustieg auf die aussichtsreiche Hütte auf halber Höhe der Kirchlspitzen führt von der Innsbrucker Straße über die Hängebrücke der Sulzleklamm (Weg Nr. 200 und 292).
HÖHENMETER	690
SCHLAFPLÄTZE	42 Plätze im Lager
KARTE	Kompasskarte 26 *Karwendelgebirge*, 1:25 000
BUCHUNG	Tel. +49.8823.326951, Mail: brunnstein@t-online.de

LEBEN
wird nicht gemessen an der
Anzahl der Atemzuge,
sondern an den Momenten,
die uns den Atem rauben

Peter ist als junger Mann viel geklettert und auf Hütten herumgekommen: »Damals fand' ich, dass dem Umweltschutz auf Hütten nicht genügt wird.« 1982, fünf Jahre nach seinem Abitur, bot sich ihm die Chance, die von der Sektion Mittenwald ausgeschriebene Brunnsteinhütte zu pachten, die zu diesem Zeitpunkt keinen Strom hatte. Dem damals 24-Jährigen war das nur recht, er wollte von Anfang an eine »saubere Hütte« und installierte 1984 als einer der ersten eine Photovoltaik-Anlage auf dem Dach. Zunächst hatte er also 900 Watt Strom, zusätzlich gewann er Energie aus Pflanzenöl, denn Diesel kam als Treibstoff für ihn nicht infrage: »Wenn da was beim Transport schief geht, das wäre zu gefährlich für die Natur«. Peter ist ein Vorbild im Sachen Umweltschutz für den Deutschen Alpenverein.

Die Hütte wurde aber auch wegen ihrer Familienfreundlichkeit vom DAV ausgezeichnet. Da ist zunächst die Möglichkeit eines verkürzten Zustieges durch die Karwendelbahn. Die fantastischen Schaukeln, mit denen man direkt in den Himmel und über die Arnspitze fliegen kann – rein perspektivisch, versteht sich –, sind ein weiterer wichtiger Grund für Kinder, hierher zu wollen. Dritter, sehr wichtiger Punkt sind die zutraulichen Schafe, Ziegen und der Zwergesel. Drei Kuschelstübchen sind für Familien zum Übernachten reserviert, in einem Nebengebäude finden sogar bis zu zehn Personen gemeinsam Platz. Die Brunnsteinhütte ist so ein typischer Ort, wo man schon als Kind war, als Student jobbt und zu dem man als junge Eltern wiederkehrt, um den »Geist für die Berge« weiterzugeben.

Für alle, die den Mittenwalder Höhenweg »by fair means« gehen wollen, ist die Brunnsteinhütte ein guter Ausgangspunkt. Im Hintergrund die Hohe Munde.

Ob Stammgast oder nicht – die Herzlichkeit des Wirts gilt jedem seiner Gäste. Es ist nicht zuletzt seine persönliche Art, die viele Besucher so schätzen.

Soiernhaus

AUF DEN SPUREN DES KÖNIGS

König Ludwig II. von Bayern ließ für sich das Obere Soiernhaus bauen, weil er in der »dramatischen Bergwelt« der Soierngruppe mit den beiden gleichnamigen Seen vor den kalkweißen Bergmajestäten des Karwendels die Kulisse für seine romantischen Ausflüge sah. Es wurde aber eigentlich nicht, wie auf dem Hüttenschild steht, als Jagdhaus gebaut, da Ludwig die Jagd verabscheute, sondern als Ort der Kontemplation.

Der Deutsche Alpenverein übernahm – und erweiterte – den Bau, man übernachtet hier also auf historischem Boden und genießt den gleichen Blick in den weiten Talkessel wie einst der »Kini«. Doch was erinnert heute noch an den König? Da wären zunächst die Zustiege zur Hütte: Während der Regent mit einer kleinen Bergkutsche auf dem gut befestigten Reitweg zu dem 1611 Meter hoch gelegenen Haus fuhr, meist in der Nacht, nahmen die Diener einen Steig: den Lakaiensteig. Er ist sehr schmal, teilweise ausgesetzt, einige Stellen sind heute mit Drahtseil versichert. Die Bediensteten mussten hier die Lebensmittel hinaufbefördern, so ging es schneller als über den Kutschenweg. Denn der König lebte auf der Hütte zwar vergleichsweise einfach, auf gutes Essen wollte er aber nicht verzichten. Eine typische Speisenfolge war beispielsweise Suppe und eine Vorspeise wie Pastete oder gratinierte Muscheln, dann gekochtes Rindfleisch, darauf folgend Lammkoteletts mit Kastanienpüree, Hühnerfrikassee, danach Braten von Wild oder Geflügel und als Abschluss Strudel, Obst und Eis sowie Mokka. Das alles musste auf den Berg gebuckelt werden.

Hütteninfos

HÖHE	1611 m
ANFAHRT	Mit dem Auto auf der A95 bis zur Ausfahrt Kochel fahren und dann weiter nach Krün. Der Wanderparkplatz befindet sich an der Fischbachalmstraße. Mit der Bahn über Mittenwald zur Haltestelle Klais. Von Klais aus kann man bis zur Fischbachalm radeln. Von hier aus folgt man dem Lakaiensteig zur Hütte.
ZUSTIEG	Der Kutschweg des Königs beginnt bei den Fischbachalmen, der Lakaiensteig zweigt hier rechts ab. Bis zur Hütte sollte man 3,5 Stunden Gehzeit einplanen. Wer nicht ganz trittsicher ist, kann den Reitweg für den Aufstieg nehmen und über den Lakaiensteig den Heimweg antreten.
HÖHENMETER	735
SCHLAFPLÄTZE	60 Plätze in Lagern
KARTE	LVG Sonderblatt *Karwendelgebirge*, 1:50 000, oder *Wandern im Oberen Isartal*, 1:30 000 vom Verkehrsamt Wallgau, Krün oder der Kurverwaltung Mittenwald
BUCHUNG	bevorzugt über E-Mail: soiernhaus@sektion-hochland.de. Tel. +49.171.5465858 (nur in der Saison)

Susanne Härtl und Klaus Heufelder bewirtschaften das Soiernhaus heute. Und auch bei ihnen isst man gut. Susanne hegt und pflegt einen kleinen Gemüsegarten, aus dem sie für ihre Gäste Kräuter, robuste Salatsorten und Gemüse erntet. »Das, was wir hier in der Küche brauchen, beziehen wir ansonsten aus der Region«, so Klaus Heufelder.

Nur wenige Gehminuten weiter unterhalb steht das Untere Soiernhaus am Ufer des türkisfarbenen Soiernsees. Hier, wo sich das Wasser aus den Bergquellen sammelt, soll Ludwig sogar ein kleines Drachenboot zu Wasser gelassen haben. Und später, so berichtet sein Koch Theodor Hirneis, genoss er frisch zubereiteten Fisch aus dem See.

Ludwig ließ sich nicht nur auf dem See treiben, sein Sinn für Romantik lebte er auch auf dem Gipfel der Schöttelkarspitze (2050 m) aus, etwa eine Gehstunde vom Soiernhaus entfernt und ein lohnender Abstecher für viele, die auf der Hütte Station machen. Hier, in einem für ihn errichteten Pavillon, der Anfang des 20. Jahrhunderts abbrannte, las er und bewunderte die Sterne in der Nacht. Oder er schrieb Briefe mit Zeilen wie dieser: »Auf den Bergen ist die Freiheit und überall, wo der Mensch nicht hinkommt mit seiner Qual.«

Vom schmalen Grat zwischen Feldernkopf und Soiernspitze blickt man immer wieder hinunter auf das Soiernhaus.

Einst wurde an diesem Ort königlich getafelt. Die heutige Wirtin Susanne Härtl baut auf 1611 Meter Höhe Salat und Kräuter für ihre Gäste an. »So schmecken die Berge.«

»AUCH AUF SEINEN BERGPARTIEN WÜNSCHTE DER KÖNIG MINDESTENS ACHT GÄNGE ZU SPEISEN.«

Theodor Hirneis, Hofkoch Ludwigs II., Erinnerungen

Vorhang auf! Von der vielleicht schönsten Terrasse in den Bayerischen Voralpen blickt man über das nächtliche Isartal auf das Karwendel (links) und das Wettersteingebirge mit den Lichtern der Zugspitze.

Lenggrieser Hütte

WEITER BLICK INS KARWENDEL

Vis-à-vis vom Brauneck spitzt das Seekarkreuz über den Waldpelz des Grasleitenkopfs hervor.

An einem Junitag saß ich auf dessen Gipfel, als sich ein offensichtlich erfahrener Bergsteiger zu mir gesellte. Er war von der Tegernseer Hütte aus hierher gewandert und hatte Schwertlilien und Steinröschen gesehen. Gerade beschrieb er sie in blumigen Worten, als ein weiterer Wanderer den Gipfel erreichte. Seine Ausrüstung bestand aus einem Frotteehandtuch, das, dem floralen Muster nach zu urteilen, schon einige Jahrzehnte alt war. Er hatte den Aufstieg von Bad Wiessee gewählt und verfolgte einen ausgefuchsten Plan. »Am Mittwoch«, weihte er uns ein, »ist immer Biker-Stammtisch in der Aueralm, also hat die lange auf, und ich kann noch spät einkehren. So schaffe ich heute die vier Gipfel hier.« Mit ausgestrecktem Arm deutete der Mann auf Brandkopf (1569 m), Spitzkamp (1604 m), Auerkamp (1607 m) und Ochsenkamp (1594 m), deren Überschreitung Trittsicherheit und Kondition verlangt und ordentlich in das Selbstbewusstsein eines Bergsteigers einzahlt.

Ich war etwas verblüfft über sein Vorhaben, denn es zog ein Gewitter auf. Die dunklen Wolken am westlichen Horizont boten gute Argumente: Der Mann mit dem leichten Gepäck ließ sich überreden, doch lieber mit dem Blumenfreund und mir in der Lenggrieser Hütte Schutz zu suchen, nur wenig unterhalb des Seekarkreuzes in einer schönen Almmulde gelegen.

Wirt Florian Durach nahm uns wie Gestrandete in Empfang, als wir atemlos vor dem Unwetter fliehend bei ihm eintrafen. Wir waren die einzigen Gäste. Eine Seltenheit hier, denn das Haus ist leicht erreichbar und sehr beliebt. So konnte Flori sich ausführlich Zeit für uns nehmen, und es entspann sich ein ausführliches Gespräch, das in der Frage nach dem Sinn des Lebens gipfelte.

Hütteninfos

HÖHE	1338 m
ANFAHRT	Mit dem Auto auf der A8 Richtung Salzburg, Abfahrt Holzkirchen, dann auf der Bundesstraße über Bad Tölz nach Lenggries. Dort Richtung Schloss/Schule Hohenburg, hier befindet sich der gebührenpflichtige Wanderparkplatz. Mit dem Zug (von München aus direkt) zum Talort Lenggries.
ZUSTIEG	Von Hohenburg über den Weg Nr. 601 entlang des Hirschbachs, bis der Weg Nr. 612 nach rechts abbiegt. Über den Sulzsteig zur Seekar-Alm, dann über den Almwiesenweg in zehn Minuten zur Lenggrieser Hütte.
HÖHENMETER	593
SCHLAFPLÄTZE	52 Betten in Lagern
KARTE	BY 13; *Mangfallgebirge West–Tegernsee, Hirschberg*, 1:25 000
BUCHUNG	Tel. +49.8042.5633096 oder www.lenggrieserhuette.de

Schnell waren wir uns einig: Auf der Welt sind wir, weil es dort Orte wie die Lenggrieser Hütte gibt. Dass andere dies auch so sehen, beweist die Reihe an Dankestafeln, die Orts-, Sport- und sonstige Vereine an den holzvertäfelten Wänden der Stube anbringen ließen. Ausführlich gelobt wird darauf die Gemütlichkeit der Hütte, die ursächlich auf die Gutmütigkeit der Wirtsleute zurückzuführen sei. Ein zierlich gerahmtes Aquarell ist unterzeichnet mit »Herzlichen Glückwunsch – Eure Alm-Nachbarn«.

Irgendwann, sehr spät, fielen meine beiden Zufallsbekanntschaften und ich im blitzsauberen Lager in einen tiefen Schlaf. Am folgenden Morgen drang verlockender Duft durch die offene Schlafkammertür. Florian Durach hatte seine gusseiserne Pfanne gezuckert, sachte den Eischaum einfließen und den Zucker karamellisieren lassen. Wenige Augenblicke später saßen wir im Schlafsack, mit Kaffeehaferl und frischem Kaiserschmarrn auf der großen Terrasse mit Blick ins Karwendel, um den Morgen zu begrüßen. Das Gewitter war längst über alle Berge gezogen.

Der Wind formt Schnee und Eis zu bizarren Gebilden. △

Tief verschneite Fichten, ein weiß verhüllter Gipfel und ein schlichtes Kruzifix: große Ruhe in der Morgendämmerung am Seekarkreuz. ▷

»DA MACHT DER SPASS A KURV'N«

Hüttenwirt Florian Durach

Der Sinn des Skibergsteigens und Wanderns liegt nicht darin, schnell anzukommen, sondern lange unterwegs zu sein. Denn bewegt man sich nicht auf eigenen Füßen vorwärts, so geht alles viel zu rasch, und man versäumt – sommers wie winters – die kleinen Freuden, die überall warten.

Das Seekarkreuz oberhalb der Lenggrieser Hütte ist einer der großen Klassiker des Skibergsteigens in den Bayerischen Voralpen. Die Hütte erwartet auch im Winter ihre Gäste. ▽▽

Aussichtsreich liegt die Blaueishütte im Nationalpark Berchtesgaden.

Blaueishütte

EIN GANG IM PARK

Mit Superlativen ist es ja immer so eine Sache – aber eine Hütte am nördlichsten Gletscher der Alpen und im einzigen Alpen-Nationalpark in Deutschland gelegen, das klingt doch sehr verlockend. Obendrein gibt es in der Nähe der Blaueishütte (1680 m) noch schöne Gipfel mittlerer und gehobener Schwierigkeit zu besteigen, die wiederum tolle Blicke auf die eher unbekannte Watzmann-Westseite eröffnen. An ihren Wänden und Graten blitzen zudem unzählige Bohrhaken in der Sonne und verraten: Hier warten jede Menge Alpin- und Plaisirrouten auf Kletterer.

»Viele unserer Übernachtungsgäste kommen in Ausbildungskursen vom Alpenverein oder der Bundeswehr«, sagt Regina Hang, als sie einen spektakulär großen Kuchen serviert. Zusammen mit ihrem Mann Raphael bewirtet sie seit dem Jahr 2010 die Hütte nahe den Gebirgsjägern in Bad Reichenhall. Noch näher liegen Berchtesgaden, der weltberühmte Königssee und Ramsau, das erste Bergsteigerdorf Deutschlands. Auch wenn Letzteres für sanften Tourismus steht, lockt das Berchtesgadener Land an schönen Ferientagen auch mal ganze Scharen von Ausflüglern an. Doch glücklicherweise stürmen diese nicht alle zur Blaueishütte. Denn der Weg dorthin ist zwar bequem, aber steil und mit 900 Höhenmetern nicht ganz kurz. Dafür startet die Schotterpiste direkt an der Grenze des Nationalparks und führt durch märchenhafte Wälder. Apropos Nationalpark: Dieser schränkt die Hüttenwirte in ihrer Arbeit nicht ein, meint Regina Hang. Schließlich bescheinigt ihnen das Umweltsiegel des Alpenvereins ohnehin, dass sie hohe Ökostandards erfüllen. Die Versorgung können sie per Materialseilbahn abwickeln.

Hütteninfos

HÖHE	1680 m
TALORT	Ramsau (670 m)
ANFAHRT	Mit dem Auto über Inzell (von Westen kommend) oder Berchtesgaden (von Osten kommend) nach Ramsau. Parkplatz an der Straße kurz vor dem Hintersee. Mit dem Zug nach Berchtesgaden und mit der RVO-Buslinie nach Ramsau-Hintersee zur Bushaltestelle direkt am Hüttenparkplatz.
ZUSTIEG	Auf dem breiten Schotterweg Nr. 482, in den später auch Weg Nr. 485 mündet, über die Schärtenalm zur Materialseilbahn. Danach auf schmalerem Weg weiter zur Blaueishütte.
HÖHENMETER	900
SCHLAFPLÄTZE	84 Plätze: 20 in Zimmern und 40 in Matratzenlagern im Haupthaus sowie 24 Plätze im Matratzenlager in der Nebenhütte
KARTE	Kompass Blatt 794 *Berchtesgadener Land*, 1:25000
BUCHUNG	Tel. +49.8657.271

»ES SIND GENAU DIESE MOMENTE,
DIE MEINEN GEIST UND MEINE SEELE
STRAHLEN LASSEN.«

Bernd Ritschel

Auf dem Gipfel des 2065 Meter hohen Steinbergs blüht es leuchtend. ◁

Bei Sonnenschein lässt es sich auf der Terrasse der Blaueishütte bestens aushalten. Und auch im Haus herrscht munteres Treiben: Regina und Raphael Hang leben dort im Sommer mit ihren drei Kindern. ▷

Wo diese beginnt, machen die Schuhsohlen endlich Bekanntschaft mit einem steinigen Pfad. Wunderschön überwindet er die letzten Höhenmeter inmitten von Felsblöcken, eingebettet zwischen steilen Felswänden. Dorthin locken rund 30 Alpinkletterrouten und 40 Sportkletter-Einseillängen viele Vertikalisten. Der Kessel, in dem die Blaueishütte liegt, mündet in nahezu senkrechten Abstürzen von Hoch- und Kleinkalter sowie Blaueisspitze. Darunter liegt der nördlichste Alpengletscher. »Aber wir haben in den letzten Jahren gesehen, dass er stark zurückgeht«, sagt die Hüttenwirtin. Mittlerweile teilt er sich bei starker Ausaperung im Sommer in drei Stücke. Zeiten mit viel mehr Eis hat da noch die Familie ihres Mannes erlebt, denn er bewirtet die Hütte bereits in dritter Generation.

Dennoch gibt das Eis noch eine kurze, aber schwere Hochtour her: Bis zu 55 Grad steilt es sich auf und stellt so einen Teil der anspruchsvollen Anstiege zu Blaueisspitze (2481 m) und Hochkalter (2607 m) dar. Wer es nicht ganz so würzig mag, steigt von der Hütte besser auf Steinberg (2065 m) oder Schärtenspitze (2153 m). Auch an diesen deutlich »übersichtlicheren« Bergen sind selbst die Normalwege nicht ganz ohne – leichte Kletterei, Geröll und ausgesetzte Stellen gehören auch hier dazu. Obwohl teils Stahlseile das Leben erleichtern, fühlt sich jeder Schritt nach oben abenteuerlich an. Fest steht: Das Revier um die Blaueishütte ist wirklich verlockend – Superlativ hin oder her.

Über dem nördlichsten Alpengletscher, dem Blaueis, finden sich mit Blaueisspitze (links) und Hochkalter (rechts) Ziele für Alpin-Experten.

WEITERE HÜTTENZIELE IN DEUTSCHLAND

Priener Hütte

Familienfreundliches Wanderziel unterhalb des Blumenbergs Geigelstein im lieblichen Chiemgau. Die Hütte bietet Blicke auf den Zahmen und Wilden Kaiser und Gipfelziele, die sich in ein bis zwei Stunden erreichen lassen.

HÖHE 1410 m
TALORT Aschau im Chiemgau (615 m)
ANFAHRT Mit dem Auto die A8 und dort die Ausfahrt Frasdorf nehmen. Weiter durch Aschau bis zum Parkplatz vor dem Ortseingang von Sachrang. Mit dem Zug nach Prien am Chiemsee und mit der Regionalbahn nach Aschau. Weiter mit dem Bus nach Sachrang.
ZUSTIEG Von mehreren Aufstiegen ist der von Sachrang am bekanntesten. Dabei geht es auf einem breiten und meist sanft ansteigenden Forstweg zur Hütte. Ausgeschilderte Abkürzungen über Pfade sind möglich.
HÖHENMETER 700
SCHLAFPLÄTZE 43 Betten in Vierer- und Sechserzimmern und 54 Plätze in Lagern mit 9 bis 13 Betten
KARTE Alpenvereinskarte BY 17 *Chiemgauer Alpen West*, 1:25 000
BUCHUNG Buchungstool auf www.prienerhuette.de

Hirschberghaus

Die Kult-Hütte über dem Tegernsee ist ganzjährig ein beliebtes Ziel. Lifte gibt es keine, sodass sie in einem herrlichen Wanderrevier liegt. Zudem lässt sich der Hirschberg schnell erreichen, wo großartige Sonnenauf- und -untergänge bewundert werden können.

HÖHE 1511 m
TALORT Rottach-Egern (736 m)
ANFAHRT Mit dem Auto die A8 und die Ausfahrt Holzkirchen nehmen. Über die Bundesstraße nach Rottach-Egern und weiter bis Scharling. Mit dem Zug bis Tegernsee und mit dem Bus zur Haltestelle Hirschbergweg, Kreuth-Scharling.
ZUSTIEG Vom Parkplatz Scharling zuerst auf einer Teer-, dann auf einer Forststraße in westlicher Richtung aufwärts. Eine Abkürzung ist ausgeschildert. Unterhalb des Kratzers rechts halten und zur Hütte wandern.
HÖHENMETER 750
SCHLAFPLÄTZE 30 Betten in Zimmern und 25 im Matratzenlager
KARTE Kompass Blatt 8 *Tegernsee–Schliersee–Wendelstein*, 1:50 000
BUCHUNG Tel. +49.8029.465

Ostlerhütte

Auf dem Gipfel des Breitenbergs steht die Ostlerhütte in exponierter Lage. Sie lässt sich zu fast jeder Zeit im Jahr erreichen und bietet Blicke auf die düstere Nordwand des Aggensteins und zugleich ins liebliche Alpenvorland.

HÖHE 1838 m
TALORT Pfronten (853 m)
ANFAHRT Mit dem Auto über die A96 und B12 oder via A7 ins südliche Ostallgäu und den Schildern nach Pfronten folgen. Mit dem Zug über Kaufbeuren und Kempten oder Marktoberdorf nach Pfronten.
ZUSTIEG Zahlreiche Wege führen von allen Richtungen auf den Breitenberg. Am schönsten geht es vom Parkplatz/von der Bushaltestelle an der Achtalstraße kurz nach dem Gasthof Fallmühle auf der Nordseite hinauf und über den Westrücken zur Hütte.
HÖHENMETER 950
SCHLAFPLÄTZE 20 Betten in Zimmern und je ein 8- und 12-Bett-Matratzenlager
KARTE Kompass Blatt 4 *Füssen–Außerfern*, 1:50000
BUCHUNG Tel. +49.8363.424

ÖSTERREICH

Nur über Gletscher zu erreichen: die Rauhekopfhütte in den Ötztaler Alpen. △

Morgendlicher Blick über das Pitztal auf den Geigenkamm. ▷

Gipfelglück am Malatschkopf, hoch über Lech- und Inntal. ▽▽

»WAS TREIBT EIGENTLICH DEN MENSCHEN
ZU DIESEM VERWEGENEN SPIEL?
WIR LEBEN IN EINER ZEIT,
WO JEDEM VON UNS DURCH
GESETZLICHE BESTIMMUNGEN UND
GESELLSCHAFTLICHE REGELUNGEN DIE
FREIHEIT GENOMMEN IST.
MAN SUCHT EINEN AUSWEG AUS DIESER
ZWANGSJACKE DER ZIVILISATION UND
FLIEHT IN DIE RUHE UND
ABGESCHIEDENHEIT DER BERGE.«

Hermann Buhl
in den 1950er-Jahren

Obwohl sie im Hochgebirge liegt, wirkt die Umgebung der Winnebachseehütte durch das viele Wasser fast lieblich.

»ICH BIN HIER OBEN MIT FÜNF GESCHWISTERN UND OHNE SEILBAHN AUFGEWACHSEN.«

Michael Riml

Bei den Touren rund um das Kaiserjochhaus dominiert der Hohe Riffler (3168 m) das Bild.

Kaiserjochhaus

WANDERREVIER FÜR FORTGESCHRITTENE

Keiner der Wege um das Kaiserjochhaus in den Lechtaler Alpen ist leicht. Doch das heißt nicht, dass die Hütte auf 2310 Meter Höhe kein Wanderziel wäre, ganz im Gegenteil: Für alpin versierte Wanderer und Bergsteiger stellt der fast 2900 Meter hohe Gebirgszug zwischen Lech- und Inntal ein ideales Revier dar. Nur geht es dort etwas wilder zu. Selbst bei Sonnenschein und trockenem Wetter fühlt sich alles ernster, einfach alpiner an.

Am leichtesten gestalten sich noch die Zustiege aus den Tälern zu Familie Genewein am Kaiserjochhaus. Sie zu besuchen, lohnt sich auch wegen der Einkehr. Johann Genewein arbeitet außerhalb der gut dreimonatigen Hüttensaison als Küchenchef am Pitztaler Gletscher und zaubert Leckeres aus Zutaten, die meist aus biologischer Berglandwirtschaft in einem Umkreis von 50 Kilometern kommen. Dafür trägt das Haus das Alpenvereinssiegel »So schmecken die Berge«, ebenso wie das Umweltgütesiegel. »Das ist eine gute Sache«, erzählt Manuela Genewein in der holzgetäfelten Gaststube. Umweltschutz bedeute dabei aber nicht nur, sämtlichen Müll bei den monatlichen Versorgungsflügen ins Tal zu schaffen. Auch auf Kleinigkeiten achtet sie: Kaffeetassen ohne Untertassen und Papieruntersetzer sparen zum Beispiel Abwasch und Müll.

Doch wer hier hinaufsteigt, will meist tiefer in die Berge. Verschiedene Mehrtagestouren und Fernwanderwege wie der E4, der Adlerweg oder eine E5-Ausweichroute treffen sich am Kaiserjoch und sorgen so oft für volles Haus. Wer sich nach einer Übernachtung auf den Weg macht, kann es bald kaum noch glauben, dass die Hütte so gut besucht war. Im weitläufigen Gelände mit seinen vielen Möglichkeiten verteilen sich die Wanderer und Bergsteiger schnell. Nahe Ziele sind vor allem die von Murmeltieren bewohnten Hüttenberge Gries- (2581 m)

Hütteninfos

HÖHE	2310 m
TALORT	Kaisers (1518 m)
ANFAHRT	Mit dem Auto auf der B198 durch das Lechtal nach Steeg und dort nach Kaisers abbiegen. Mit dem Zug nach Füssen/Reutte und von Reutte aus mit dem Lechtal-Wanderbus nach Kaisers.
ZUSTIEG	Von Kaisers auf dem breiten Weg Nr. 641 zur Kaiseralm. Dort rechts abbiegen (weiterhin Weg Nr. 641) und im Rechts-links-Bogen zum Kaiserjoch aufsteigen.
HÖHENMETER	850
SCHLAFPLÄTZE	12 Plätze in 4 Zimmern und 55 Lager-Schlafplätze in 5 Räumen. Winter- und Selbstversorgerraum mit 6 Lagern und 10 Notlagern
KARTE	Mayr Blatt 5 *Tiroler Lechtal*, 1:35000
BUCHUNG	Tel. +43.664.1556533

und Malatschkopf (2368 m). Letzterer lässt sich vor der Gletscherkulisse des Hohen Riffler über einen kurzen, aber luftigen Steig erreichen – eine gute Vorbereitung auf das, was auf den Höhenwegen folgt: wildes Gelände.

Das gilt für den Weg zur Leutkircher Hütte im Westen, aber vor allem für das Gebiet östlich des Kaiserjochhauses. Beide Verbindungen dort, sowohl der Weg in Richtung Ansbacher Hütte und Madau als auch der zur Frederic-Simms-Hütte, führen durch immer wieder gesichertes, steiles Gelände, das sich ständig verändert. Dazwischen macht sich die 2889 Meter hohe Vorderseespitze breit. Sie hat den einzigen richtigen Gletscher im Lechtal sowie einen langen, aber brüchigen Ostgrat und blieb gänzlich unerschlossen. Eine leichtere Alternative bietet die Feuerspitze (2852 m) im Norden – ein Berg der bunten Steine. Der Gipfel ist zwar ohne Kletterei erreichbar und somit auch im Winter ein beliebtes Skitourenziel. Doch der Weg in Richtung Frederic-Simms-Hütte überwindet eine gesicherte, dunkle und steile Schlucht mit losen Steinen. Paradegipfel der Gegend ist die Holzgauer Wetterspitze (2895 m) im Revier einer Steinbockherde. Ihr abweisender Gipfelaufbau verlangt leichte Kletterei, bietet dafür aber festen Fels. Wirklich leicht ist in der Gegend um das Kaiserjochhaus eben nichts.

Der Hüttengipfel Malatschkopf (2368 m) lässt sich in einer kurzen und knackigen Tour für Schwindelfreie schnell erreichen.

Einkehr mit Aussicht: Direkt hinter den Wanderern ist der Malatschkopf zu sehen, rechts dahinter der Hohe Riffler.

Noch ein Hüttengipfel: Auch zum Grießkopf (2581 m) ist es nicht weit. Auf dem Weg dorthin lassen sich oft Murmeltiere blicken.

Im Abendlicht leuchtet der Hohe Riffler über dem Verwall und präsentiert sich als großartiges Fotomotiv. ▽▽

Spätsommer ist Wanderzeit.
Ein weiterer wunderbarer Tag bei der Breslauer Hütte bricht an.

Hochjochhospiz, Vernagthütte, Breslauer Hütte

ÖTZTALER DREI-HÜTTEN-RUNDE

Unter den Füßen donnern Unmengen an Wasser durch die enge Schlucht, die die Rofenache in den Fels gefressen hat. Es stammt von gigantischen Gletscherflächen über uns. Doch setzen wir die ersten Schritte unserer Mehrtagestour in durchaus liebliche und grüne Landschaft. Vom Bergsteigerdorf Vent, einer der vielversprechendsten Sackgassen in den Alpen, geht es am Fuß riesiger Hänge zu den Rofenhöfen. Wer nicht nahe am Alpenhauptkamm wohnt, muss sich zuerst einmal an die Dimensionen der Landschaft gewöhnen. An den Rofenhöfen gilt es, sich Schritt für Schritt von der Zivilisation zu verabschieden – zumindest tagsüber.

Denn die Zwei- bis Dreitagestour führt durch die wilde Landschaft nahe des Alpenhauptkamms im Inneren Ötztal. Dank guter Wege und dreier bestens ausgestatteter Hütten eignet sich die Genusswanderung auch für Familien. Sie lässt sich je nach Lust und Laune verlängern oder mit Gipfelabstechern würzen.

Lang, aber stets moderat ansteigend, präsentiert sich dabei die erste Etappe – der Aufstieg zum Hochjochhospiz (2412 m). Über die gesamte Strecke bleibt er den Schmelzwassermassen der Rofenache treu und führt in immer kargere Landschaft. Diese Strecke ist geschichtsträchtig, denn seit jeher wurde sie von Menschen als Übergang zwischen Nord- und Südtirol genutzt. Bereits 1869 stand in der Nähe eine erste Hütte, die den Überquerern des Hauptkamms als Stützpunkt diente. Heute, wo Alpenübersteigungen aus purer Erlebnislust in Mode sind wie nie zuvor, führt der Fernwanderweg E5 ein Tal weiter via Martin-Busch- und Similaunhütte nach Südtirol.

Hütteninfos

HÖHEN	Hochjochhospiz 2412 m, Vernagthütte 2755 m, Breslauer Hütte 2844 m
TALORT	Vent (1895 m)
ANFAHRT	Mit dem Auto über Imst ins Ötztal und der Landstraße bis in den Talschluss ins Bergsteigerdorf Vent folgen. Mit dem Zug bis Ötztal-Bahnhof und weiter mit dem Postbus nach Vent.
STRECKE	Von Vent auf dem Sträßchen oder, schöner, links des Flusses zu den Rofenhöfen und auf dem breiten Weg durch das Rofental zum Hochjochhospiz. Weiter auf dem Deloretteweg und beim ersten Abzweig rechts über Weg Nr. 919 zur Vernagthütte. Von dort weiter dem Weg Nr. 919 (Seuffert-weg) zur Breslauer Hütte folgen. Abstieg zu den Rofenhöfen oder direkt nach Vent (mit Sessellift abkürzbar).
HÖHENMETER	1500
SCHLAFPLÄTZE	Hochjochhospiz: 78, Vernagthütte: 122, Breslauer Hütte: 160
KARTE	Kompass Blatt 042 *Inneres Ötztal*, 1:25000
BUCHUNG	Hochjochhospiz: Tel. +43.720.920304, Vernagthütte: Tel. +43.664.1412119, Breslauer Hütte: über www.breslauerhuette.at

DIE ETAPPEN AUF DIESER RUNDE LASSEN SICH GUT
VON DER GANZEN FAMILIE BEWÄLTIGEN.

Gemütlich beginnt ein Familien-Wandertag in den Zimmern der Breslauer Hütte. Und bevor es in die Ötztaler Hochgebirgswelt aufgeht, wartet noch ein reichhaltiges Frühstück.

Da der Weg vom Hochjochhospiz zur Vernagthütte (2755 m) in zwei Stunden leicht zu bewältigen ist, lässt sich mit verschiedenen Möglichkeiten spielen, denn es lohnt sich, die großartige Landschaft ringsum in Extratouren zu erforschen. Dazu bietet sich etwa eine Wanderung zur Zunge des gewaltigen Hintereisferners an, der zu Füßen der Weißkugel (3739 m) fließt. Als Gipfeltour lässt sich die Mittlere Guslarspitze (3126 m) ohne große Schwierigkeiten erwandern. An ihrem Kreuz öffnet sich ein grandioser Ausblick auf die Eismassen des Kesselwandferners. Wer dann – direkt oder nach Abstechern – die Vernagthütte erreicht, findet sich inmitten eines riesigen steinernen Amphitheaters wieder. Familie Scheiber bewirtet das große Haus, das sich vor allem als Basis für Hochtouren eignet, seit mehr als 50 Jahren. Zu den klassischen Zielen hier gehören Berge wie Fluchtkogel (3497 m), Hochvernagtspitze (3535 m) oder die Wildspitze, mit 3774 Metern höchster Berg Nordtirols und zweithöchster in Österreich.

Parallel zur langen Hochtour dorthin verbindet der Seuffertweg Vernagt- und Breslauer Hütte eine Geländestufe tiefer auf aussichtsreiche Weise. An der Breslauer Hütte herrscht zum Ende der Runde Hochtourenstimmung, schließlich dient das Haus als Stützpunkt für eine Tour aufs Dach der Ötztaler Alpen. Einer der ganz wenigen Lifte weit und breit spart bei Bedarf ein gutes Stück des Abstieges. Denn irgendwann müssen wir schließlich wieder nach unten.

Ein sicherer Unterschlupf für die rauen Nächte im Hochgebirge: das Hochjochhospiz über Vent.

Auf 2755 Meter Höhe liegt die Vernagthütte unterhalb mächtiger Gletscher und doch schon in den ersten Wiesen.

Noch weit grüner als auf Höhe der Hütte ist es im Rofental, durch das der erste Teil der Runde führt. ▷

»DAS GLÜCK RUHT AUF DEM RÜCKEN
DER PFERDE –
UND IN DEN BERGEN.«

Bernd Ritschel

Mit etwas Glück lassen sich auch possierliche Murmeltiere aus der Nähe bewundern.

Breit und gut gesichert führt der Weg von den Rofenhöfen hinauf zum Hochjochhospiz. ◁

Weitab von jeglicher Zivilisation liegt die Rauhekopfhütte. Alle Wege zu ihr führen über mächtige Gletscher – auch der kürzeste Zustieg von der Kaunertaler Gletscherstraße.

Rauhekopfhütte

AUFBRUCH IN EINE EISIGE WELT

Mit einem Knirschen bohren sich die zwölf Zacken des Steigeisens in das Eis. Schritt für Schritt geht es so durch eine abenteuerliche Welt über die flache Zunge des Gepatschferners. Rechts und links rumpelt es immer wieder, wenn sich Steinschlag aus den Steilhängen löst, die den Gletscher flankieren. Doch mitten auf dem Eis ist es sicher – alles eine Frage des richtigen Orts und der Perspektive. Und diese bietet – mit den eigenen Füßen auf dem Eis – einzigartige Ausblicke. Denn vor einem fließt der Gletscher in einem spektakulären Bruch über eine Stufe im Gelände und formt ein Labyrinth aus Rissen, Spalten und Zacken. Manche von ihnen leuchten mattblau, andere sehen mit ihrer graugestreiften Musterung beinahe aus wie gemalt.

Diese Szenerie erlebt, wer zum zugegebenermaßen nicht ganz einfachen Anstieg zur Rauhekopfhütte (2731 m) in den Ötztaler Alpen aufbricht. Das Haus der Alpenvereinssektion Frankfurt am Main liegt abseits auf einem Felssporn am Rande des riesigen Gepatschferners. Allein dorthin zu kommen, gleicht einer Hochtour: Alle Wege zur Hütte führen über Gletscher, sodass Bergsteiger sie nur mit entsprechenden Kenntnissen sowie Pickel, Steigeisen und Seil erreichen.

Das gilt selbst für den kürzesten Weg: von einer Kehre der mautpflichtigen Kaunertaler Gletscherstraße aus. Er führt zuerst durch dichte Vegetation bergauf, doch Schritt für Schritt wandelt sich die Landschaft, wird zuerst kahler, dann karger. Und dann, nach vielen Kehren und Querungen, zeigt sie sich auf einmal – die trotz Schmelze und Rückgang beeindruckende Eiszunge mit ihren Spalten, Spuren von Steinschlag und nach oben hin immer wilderen Gletscherbrüchen. Wer innehält und mit dem Blick den Hang rechts gegenüber absucht, findet auch schon die flache Hütte, die sich in ihrer exponierten Lage vor den Widrigkeiten des Hochgebirges zu ducken scheint.

Hütteninfos

HÖHE	2731 m
TALORT	Kaunertal (1287 m)
ANFAHRT	Mit dem Auto über Landeck ins Kaunertal und über die Mautstraße am Gepatschhaus vorbei. Parken ist an der nächsten Kehre an einer Brücke möglich. Mit dem Zug nach Landeck und weiter mit dem Bus zum Gepatschhaus.
ZUSTIEG	Vom Parkplatz an der Gletscherstraße über Weg Nr. 902 zum Gepatschferner. Diesen aufsteigend queren und vor den Eisbrüchen nach Süden verlassen. Über Geröll und Fels zur Hütte.
HÖHENMETER	800
SCHLAFPLÄTZE	21 Betten
KARTE	Kompass Blatt 042 *Inneres Ötztal*, 1:25000
BUCHUNG	Tel. +43.664.2067006

Rauhekopfhütte
Meereshöhe 2731 m

Dort oben erwartet die Hochtourengeher eine ganz spezielle Atmosphäre. Ist es draußen nass, hängt der Eingangsbereich voll trocknender Kleidung und Ausrüstung. Dahinter befindet sich die Gaststube, rechts die Küche und oben das Lager. Waschgelegenheiten gibt es unter freiem Himmel und das WC in einem Nebengebäude. Um all das kümmern sich stets zwei Ehrenamtliche der Frankfurter DAV-Sektion. An diesem Tag haben Armin Hager und Martin Strunz die Hütte erreicht und ihren zweiwöchigen Dienst angetreten. Sie haben sich auf die Zeit hier oben gefreut, was sie auch ihren Gästen gegenüber ausstrahlen. Abends kochen sie für die Runde von Bergsteigern überraschend Schmackhaftes aus Konserven. Denn: »Es gibt nur einen Versorgungsflug zu Beginn der Saison«, berichten sie. Während auf anderen Hütten der Wettbewerb um das frischeste oder aufwendigste Essen tobt, kann und will man sich an der Rauhekopfhütte gar nicht solchen Ansprüchen stellen. Trotzdem hat ihre Popularität in den vergangenen Jahren stark zugenommen. »Der Gletscher zieht die Leute an«, sagt Martin Strunz. »Schließlich sieht es hier fast wie in Alaska aus.« Mittendrin, in diesem Mini-Alaska, bleibt die Rauhekopfhütte ein Ziel für Abenteuer in einer eisigen Welt.

Die gigantischen Eisflächen des Gepatschferners breiten sich oberhalb der Rauhekopfhütte aus. Rechts ragt die Weißseespitze (3498 m) auf, links hinten ist der Gipfel der Weißkugel zu sehen (3738 m).

Die Kaunergrathütte liegt in einer wilden Gegend. Beinahe alle Ziele um sie herum sind alpinistisch anspruchsvoll.

Kaunergrathütte

FAMILIÄR AM WILDEN GRAT

Einen kurzen Weg zur Kaunergrathütte gibt es nicht. Umso mehr erstaunt es, dass sich oben ein Familienleben abspielt wie auf einer Voralpenhütte inmitten grüner Weiden. Die gibt es zwar weiter unten, verziert von Tausenden Alpenrosen, doch die Farbe Grün bleibt hier oben auf 2817 Meter eine Rarität. Wer nach rund dreieinhalb Stunden und 1200 Höhenmetern von Plangeroß im Pitztal an der hochalpinen Hütte ankommt, findet sich vom dunklen Gneis umgeben. Je nach Jahreszeit überdecken Schneefelder die Felsen der Dreitausender des Kaunergrats. Und auch im heißesten Sommer zieht das Eis des spektakulären Hängegletschers an der Watzespitze (3533 m) die Blicke auf sich.

Viele ambitionierte Bergsteiger kennen die Hütte vor allem wegen des Ostgrats der Watzespitze. Die Kletterei bis zum vierten Schwierigkeitsgrad gehört zu den Klassikern in den Ostalpen. »50 bis 100 Leute versuchen den Grat jeden Sommer«, erzählt Michael Dobler, Bruder von Hüttenwirtin Julia Dobler. Gäste treffen ihn häufig hier oben, ebenso wie die Eltern der Geschwister und Julias kleinen Sohn. Bereitwillig holt Michael einen Ordner voller Topos von Kletterrouten in der Nähe. Sein Motto: »Geht es dem Gast gut, geht es auch dir gut.« Schon nach kurzem Blättern im Ordner steht außer Frage: Alpinisten finden hier jede Menge würzige Touren. Denn auf der anderen Seite der Hütte dominiert die ebenfalls schwer zu besteigende Verpeilspitze (3425 m) mit ihren düsteren Felsflanken.

Doch auch Wanderer finden neben den hochalpinen Übergängen zu anderen Hütten oder ins Kaunertal lohnende Ziele: Der Hausberg Plangeroßkopf (3053 m) lässt sich ohne Schwierigkeiten in einer Stunde erwandern und bietet beste Ausblicke auf die nahen Riesen. Die Parstleswand (3096 m) verlangt mit steilen Schotterhängen und leichtem Blockgelände zwar etwas mehr ab, bleibt im Gegensatz zu den Nachbarbergen jedoch eher leicht.

Hütteninfos

HÖHE	2817 m
TALORT	Plangeroß (1612 m)
ANFAHRT	Mit dem Auto über Imst ins Pitztal und der Straße bis nach Plangeroß folgen. Hüttenparkplatz kurz vor dem Ort. Mit dem Zug nach Imst und weiter mit dem Bus nach Plangeroß.
ZUSTIEG	Auf dem Weg Nr. 927 am Lussbach-Wasserfall vorbei. An einer Wegekreuzung am Karlesegg geradeaus, ab hier trägt der Weg die Nr. 926. Er führt direkt zur Kaunergrathütte.
HÖHENMETER	1200
SCHLAFPLÄTZE	8 Plätze in Zweibettzimmern, 18 in Mehrbettzimmern und 36 Betten im Lager
KARTE	AV-Karte Blatt 30/0 *Ötztaler Alpen–Kaunergrat*, 1:25 000
BUCHUNG	Tel. +43.664.1440627

»WEIL WIR UNSEREN MÜLL INS TAL FLIEGEN MÜSSEN, HABEN WIR SCHON IMMER MÖGLICHST WENIG DAVON PRODUZIERT.«

Michael Dobler

Bei der Tourenplanung für den nächsten Tag helfen nicht nur die Bergfreunde. Auch ein Ordner voll mit Topos und Wegbeschreibungen rund um die Hütte liegt bereit und lässt sich am Abend in Ruhe durchschmökern.

Ein solches Naturjuwel wie die wilde Gegend um die Kaunergrathütte soll geschützt werden. Das hat die Alpenvereinssektion Mainz entschieden, der die Hütte gehört. Mit dieser Idee traf sie bei der Wirtsfamilie Dobler auf Gegenliebe: Ein Umbau im Jahr 2015 bot die Gelegenheit, mehr Sonnenkollektoren auf das Dach zu bringen. Zudem arbeitet im Keller der Hütte ein mit Rapsöl betriebenes Blockheizkraftwerk mit 24 Speicherbatterien. 2017 erhielt die Kaunergrathütte das Umweltgütesiegel des Alpenvereins. Von ihrer Urigkeit hat sie dennoch nichts verloren.

Auch bei einem sommerlichen Kälteeinbruch bleibt es in der Gaststube ordentlich warm. In aller Ruhe lassen sich dann die Wandbilder von Fantasietieren wie Gipfeltiger, Talschleiche und Co. bewundern oder Topos wälzen. Oder Michael und Julia zeigen Bilder, wie sie 2012 den rund um die Hütte vergrabenen Müll zutage förderten: Helikopter brachten ihn dann ins Tal. So macht man es mit dem Unrat hier bis heute. Denn einen kurzen Weg zur Kaunergrathütte gibt es nicht.

Anspruchsvoll, aber auch für geübte Wanderer begehbar sind die Übergänge zu den Nachbarhütten. △

Die Watzespitze (3533 m) dominiert oberhalb der Kaunergrathütte, bleibt aber Kletterern vorbehalten. ◁

Am Wildgratgipfel lässt sich der Sonnenaufgang sehr eindrucksvoll genießen.

Erlanger Hütte

ABGELEGENER GEHEIMTIPP

Die Berge um sie herum sind hoch, aber wenig bekannt. Vor dem Wettersee bietet sie ein einzigartiges Motiv. Sie liegt abseits, und doch führen viele Wege zu ihr. Auf diesen Wegen ist meist wenig los, aber dennoch kann sie an schönen Wochenendtagen voll sein: die Erlanger Hütte (2550 m). Ganze acht Zustiege münden bei ihr, wie Hüttenwirt Christian Rimml an den Fingern seiner beiden großen Bergsteigerhände abzählt. Er rechnet vor: Wenn auf jedem dieser Wege ein Paar unterwegs ist, das zwei weitere Paare trifft, füllt sich die Hütte schon beinahe komplett.

Die Erlanger Hütte vereint scheinbar Widersprüchliches, dank ihrer speziellen Lage im Vorderen Geigenkamm, am Nordwestende des Ötztals. Viele Bergsteiger und Touristen zieht es noch einige Kilometer tiefer ins Tal hinein – zu den ganz großen Gletscherbergen über Vent und Obergurgl. Dabei sind die Touren an der Erlanger Hütte ähnlich dimensioniert, schließlich liegt der Talort Umhausen auf gerade einmal 1000 Meter Höhe.

Das heißt also, eine Tour zur Erlanger Hütte taugt nicht zur gemütlichen Halbtages-Unternehmung. Ganz im Gegenteil: Wer noch den Hausberg Wildgrat mitnimmt (2971 m), hat am Abend ganze 2000 Höhenmeter in den Beinen. Der nach einer Übernachtung empfehlenswerte Weiterweg über den Fundusfeiler (3079 m) zur Frischmannhütte schlägt mit weiteren 1100 Höhenmetern zu Buche. Es ist immer etwas Besonderes, in solchen Gegenden unterwegs zu sein – am besten gleich mehrere Tage lang, damit sich die weiten Strecken mit Genuss erwandern lassen. Der Geist stellt sich darauf ein, langsam mit Neuem konfrontiert zu werden und auch auf Details zu achten. Dann entfalten die Höhenwege und Gipfelanstiege in der Region ihre Wirkung.

Hütteninfos

HÖHE	2550 m
TALORT	Umhausen (1036 m)
ANFAHRT	Mit dem Auto über Imst ins Ötztal und auf der B186 nach Umhausen. Mit dem Zug via Innsbruck zum Bahnhof Ötztal und weiter mit dem Postbus nach Umhausen.
ZUSTIEG	Schnellster Zustieg von Umhausen über die Wege Nr. 914 und 913 zur Vorderen Leitersalm und weiter zur Erlanger Hütte. Auch dieser Weg nimmt vier bis fünf Stunden in Anspruch.
HÖHENMETER	1570
SCHLAFPLÄTZE	8 Betten in Zimmern und 50 Schlafplätze im Lager, inklusive Winterraum
KARTE	Kompass Blatt 35 *Imst, Telfs, Kühtai, Mieminger Kette*, 1:50 000
BUCHUNG	Tel. +43.664.3920268

Wer die Erlanger Hütte erreicht, hat auf jedem Weg eine stramme Bergwanderung hinter sich und es verdient, draußen die Füße hochzulegen. Doch wenn Hüttenwirt Christian Rimml zum Essen ruft, stürmen alle wieder ins Haus.

»VOLLER ENERGIE UND VORFREUDE
BRECHEN WIR AUF, UM DEN
GEIGENKAMM ZU ÜBERSCHREITEN.«

Bernd Ritschel

Unterhalb der Scharten und Gipfel sieht es aus wie in den Schottischen Highlands und weiter oben wie in einer Mondlandschaft. Die vermeintliche Isolation der Erlanger Hütte hat sich durch einen Bergsturz im Jahr 2010 noch verschärft. »Seitdem kommen wir nicht mehr mit dem Auto zur Materialseilbahn«, erzählt Christian Rimml. Zwei Wagen, die im Gebiet der Vorderen Leitersalm unterhalb ihres Hauses verkehren, kamen per Helikopter dort hinauf. Den gleichen Weg durch die Luft nehmen nun auch die Versorgungsgüter der Hütte. Der Gemütlichkeit hier oben tut das natürlich keinen Abbruch, auch wenn Rimml und seine Partnerin Anita Vogelbauer, die alles bereits seit 2004 gemeinsam bewirtschaften, sich erstmal darauf einstellen mussten. Doch in den vielen Jahren, in denen das Paar aus dem Pitztal seine Sommer hier oben verbringt, hat sich ohnehin viel verändert: Anfangs hatten sie eine kleine Tochter dabei, dann verbrachte auch ihr Sohn Jakob seine ersten Monate ab der dritten Woche seines Lebens im Hochgebirge – mittlerweile geht er zur Schule. Auch Hündin Maya, ein großer, ruhiger Altdeutscher Schäferhund, war bereits als Welpe hier. Inzwischen ist sie alt und blind geworden. »Aber sie macht das gut hier oben«, sagt Christian Rimml und klopft ihr liebevoll auf die Seite. Abgelegen mag die Erlanger Hütte sein. Doch gerade das macht den Reiz dieses Hauses im wilden Norden des Ötztals aus.

Ein malerisches Bild: Die Erlanger Hütte liegt nahe am Wettersee.

Zum Sonnenaufgang am Wildgrat ziehen die vergletscherte Wildspitze (3774 m, links) und die Rofelewand (3354 m, rechts) die Blicke auf sich. ▽▽

Der Name ist Programm: Der Winnebach mit seinem See, mit Wasserfällen und mäandernden Armen formt die Landschaft um die Hütte.

Winnebachseehütte

INS WASSER-WUNDERLAND

Lange Zeit stellte ein Bad im eiskalten Winnebachsee auf 2360 Meter Höhe die einzige Waschmöglichkeit dar. Für Michael Riml sogar für die längste Zeit seines bisherigen Lebens. Denn der Wirt der Winnebachseehütte in den Stubaier Alpen wuchs mit fünf Geschwistern zwischen Hütte und Tal auf. Auch die Zeiten ohne Materialseilbahn kennt er noch, als Ältester der Buben stieg er noch mit Pferden zur Hütte auf. Bereits seit Jahrzehnten erleichtert eine Seilbahn die Versorgung, seit den 1990er-Jahren duschen die Wirte und seit 2003 auch die Gäste luxuriös mit warmem Wasser. Aber noch heute stellt sich jedes Jahr zu Beginn der Sommersaison die Frage, wer sich als Erster in den See traut. Vor allem, wenn an seinen Ufern noch Schneereste liegen, wird dies zur familieninternen Mutprobe.

Denn mit Michael verbringen seine Frau Nina und teils auch ihre Kinder die Sommer und Winter auf der Hütte. Mehr als 25 Jahre ist es her, dass Nina Riml während ihres Studiums auf verschiedenen Hütten jobbte. »Hierher zu kommen, war das Beste, was mir passieren konnte«, sagt sie heute mit einem Lächeln. Schließlich arbeitet und lebt sie seitdem insgesamt sieben Monate im Jahr in einem Wasser-Wunderland, das seinesgleichen sucht. Denn die Hütte liegt nicht nur am namengebenden See, hinter ihr rauscht auch ein von Gletschern gespeister Wasserfall in die Tiefe. Der wiederum nährt den pittoresken Winnebach, Wegbegleiter beim Aufstieg aus dem Ötztal zur Familie Riml. Ebenso tauchen auf dem Weg neben fröhlich blökenden Schafen immer wieder nepalesische Gebetsfahnen auf, sie hängen zwischen Latschen und Bäumen und verzieren das Haus

Hütteninfos

HÖHE	2362 m	ZUSTIEG	Vom großen Wanderparkplatz am Ortsende von Gries dem Sträßchen zu den Häusern von Winnebach folgen. Weiter auf Weg Nr. 141 zur Hütte	KARTE	Kompass Blatt 83 *Stubaier Alpen*, 1:50 000
TALORT	Längenfeld (1206 m)	HÖHENMETER	780	BUCHUNG	Tel. +43.5253.5197
ANFAHRT	Mit dem Auto über Imst ins Ötztal und auf der B186 nach Längenfeld. Dort links nach Gries abbiegen und über viele Kehren zum Ort mit Wanderparkplatz. Mit dem Zug bis Ötztal-Bahnhof, weiter mit dem Bus nach Längenfeld. Von dort verkehrt ein Pendelbus nur zu Saisonzeiten nach Gries.	SCHLAFPLÄTZE	3 Doppelzimmer, 2 Mehrbettzimmer für 4 und 5 Personen sowie rund 22 Lager in 3 Räumen. Winterraum mit 9 Plätzen		

und seinen großzügigen modernen Anbau von 2015. Dort erzählen Michael und Nina Riml bei schmackhafter Speck- und Käsknödelsuppe, dass ein Nepalese bei ihnen arbeitet und seinen eigenen Stil mitbringt. Solche Aufenthalte auf Alpenhütten sollen den Tourismus in Nepal fördern.

Aus diesem Anbau, der hervorragend zum Haupthaus von 1901 passt, blicken die Gäste auf den Ernst Riml Spitz (2507 m), den nächsten der Hausberge. Er taucht nicht auf allen Karten auf, denn der Aussichtsgipfel erhielt erst in den 1970er-Jahren den Namen von Michael Rimls Vater – die Familie bewirtet das Haus bereits seit 1955. Im Zweiten Weltkrieg wurde es aufgebrochen und geplündert und diente danach zunächst als Selbstversorgerhütte, bis die Rimls das änderten und das herrliche Fleckchen Erde im Wasserparadies wieder zugänglich machten. Davon profitieren neben Hütten- und Weitwanderern natürlich auch Bergsteiger: Unter dem Haus richteten heimische Bergführer im festen Granitgneis den Klettergarten Kleinkanada ein. Der Ostgrat des größeren Hausbergs Gänsekragen (2915 m) bietet Alpinkletterern eine 22-Seillängen-Tour. Und die vielen Dreitausender ringsum eignen sich größtenteils für erfahrene Alpinisten. »Im Winter kommen auch immer wieder mal Eiskletterer her«, erzählt Michael Riml. Ebenfalls sehr beliebt sind die Skitouren rund um die Hütte. Auch mit heißer Dusche wird die Winnebachseehütte das Prädikat »eiskalt« also nie ganz los.

Das viele Wasser kann auch für umwerfend mystische Stimmung an der Winnebachseehütte sorgen.

Die Blaserhütte liegt direkt unterhalb des namensgebenden Gipfels in den Stubaier Bergen. Es ist ein richtiger Blumenberg, auf dem auch viele Edelweiße blühen.

Blaserhütte

IM BLUMENPARADIES

Am Anfang suchen wir die Edelweiße beim Aufstieg zum Gipfel noch – hier eins, dort eins. Dann tauchen sie gleich büschelweise auf, sodass wir aufpassen müssen, wo wir hintreten. Es ist eine ruhige Gegend, in der sie wachsen. Dabei verläuft nur wenige Kilometer entfernt die Brennerautobahn, also die Straße über die Alpen schlechthin. Der Unterschied ist kaum zu glauben: Noch vor wenigen Minuten bezahlten wir die Maut und waren mit endlos vielen anderen Autos und Lastern unterwegs nach Süden. Doch kurz vor der Grenze bogen wir ab, und mit jedem Straßenkilometer nach Trins wurde es ruhiger.

Nun wandern wir zwischen Blumen und unter dem blauen Himmel, in dem zwei Adler um die Wette schreien. Viele Bergsteiger, egal welchen Teil der Alpen sie ihr Heimatgebiet nennen, haben ihre eigenen Spezialorte, und fast immer befindet sich darunter ein besonderer Blumenberg. Und die meisten kennen auch daheim einen Fleck, wo sie das seltene Edelweiß entdecken können. Doch egal wie reich an Edelweiß oder wie farbenprächtig der eigene Blumenberg ist, am Blaser (2241 m), am Ostrand der Stubaier Alpen, staunen alle.

Das Beste: Nur knapp 70 Meter unter dem Gipfel lädt die gemütliche und freundlich geführte Blaserhütte zur Einkehr ein oder – noch besser – zur Übernachtung. Denn neben dem Blick auf die Details am Boden belohnt der Aufstieg mit einem 360-Grad-Panorama vom Karwendel über die Zillertaler und Sarntaler Alpen sowie auf die nahen Gipfel des Stubais. Das beeindruckt vor allem im Abend- und Morgenlicht, wenn die Gletscher, zum Beispiel am Olperer, rot glühen.

Hütteninfos

HÖHE	2176 m
TALORT	Trins (1235 m)
ANFAHRT	Mit dem Auto auf der Brenner-Autobahn die Ausfahrt Matrei/Brenner nehmen und entlang der Brenner-Bundesstraße nach Steinach fahren. Beim ersten Kreisverkehr rechts nach Trins. Hüttenparkplatz oberhalb der Kirche. Mit dem Zug nach Steinach am Brenner und mit Buslinie 4146 nach Trins. Von dort in 15 Minuten zum Parkplatz.
ZUSTIEG	Vom Hüttenparkplatz bergauf und rechts in Richtung Aussichtsplattform Adlerblick abbiegen (lohnenswerter Abstecher). Weiter über den stets markierten Wanderweg, der mehrfach eine Forststraße kreuzt, zur Hütte. Auf dem Abstieg lässt sich mit dem westlichen, direkten und teils sehr steilen Weg eine Rundtour gestalten.
HÖHENMETER	950
SCHLAFPLÄTZE	21 Betten in drei Lagern
KARTE	Kompass Blatt 83 *Stubaier Alpen*, 1:50 000
BUCHUNG	Tel. +43.664.5718200

»Wir haben nicht so viele Übernachtungsgäste, unsere Zimmer sind selten voll belegt«, berichtet Georg Nocker auf der Hüttenterrasse und blinzelt nach ein paar Stunden in der Küche in die Sonne. Die regionalen Gäste aus Innsbruck oder dem Wipptal freut's – so haben sie den Blumenberg mehr oder weniger für sich. Und der bietet gleich mehrere Möglichkeiten, die Freizeit an seinen von Orchideen, Läusekräutern und vielen anderen Blumen bunt gefleckten Hängen zu genießen: Wanderer können den Blaser auf einer idealen Rundtour erkunden oder eine Dreitagestour in Verbindung mit dem südlich gelegenen Naturfreundehaus unter dem Padasterjoch gestalten. »Aber in den vergangenen zwei bis drei Jahren ist auch ein richtiger E-Bike-Boom entstanden«, erzählt Georg Nocker. Auf guten Schotterstraßen können Radler bis zur Hütte strampeln.

Georg und seine Frau bewirten die Hütte mit ihren Angestellten, mit denen sie viel scherzen und lachen, wer das erste Mal hier ist, merkt zunächst nicht, wer der Chef ist. »Hier war in den Siebzigern und Achtzigern die große Sturmzeit des Tourismus«, erzählt Georg. »Doch nach dem Flug kommt der Fall.« Es wurde immer ruhiger, kaum ein Deutscher oder Italiener kommt auf dem Weg über die Alpen noch darauf, hier den Berg-Highway zu verlassen. Deswegen verdient der Wirt sein Geld hauptberuflich als Schlosser in einer Gießerei. Doch wie schon sein Vater vor ihm, liebt er die Arbeit auf der Hütte. Er sagt: »Im Tourismus brauchst du die Liebe, dann kommt auch das Besondere.« Stimmt.

Die Serles (2717 m) dominiert nicht nur über der Brennerautobahn das Landschaftsbild, sondern auch vom Blaser aus.

Die Lamsenjochhütte wird von den stattlichen Karwendelgipfeln umrahmt. Die Bergkiefer steht dem Gebirge in seiner Robustheit nicht nach; Lawinen können ihr nichts anhaben, sie ist völlig anspruchslos und wird 300 Jahre alt.

Lamsenjochhütte

DER SCHMELZTIEGEL DES BERGSPORTS

Wer das Karwendelgebirge kennenlernen will – diesen großartigen, wilden Gebirgszug, der sich über 40 Kilometer vom Achensee bis zur Seefelder Senke erstreckt –, sollte unbedingt die Lamsenjochhütte besuchen. Umrahmt von steilen Wänden, umgeben von schuttgefüllten Karen, mit Blick auf das kontrastierende Grün der Almen und Bergwälder, steht die Lamsenjochhütte in geradezu karwendeltypischer Umgebung.

Dabei war es keineswegs ausgemacht, dass sie überhaupt erbaut werden würde. Erst 1906 gelang es der Sektion Oberland des Deutschen Alpenvereins, gegen den Willen einheimischer Jäger den Grund zu pachten, der sich in den Winkel zwischen Hochnisszug und dem Ostabbruch des Lamsenstocks schmiegt. Danach war die Hütte schnell gebaut – und schnell wieder weg, mitgerissen von einer Lawine, gleich im zweiten Winter. Unerschüttert baute die Sektion die Hütte unweit des vormaligen Platzes an besserer Stelle neu auf. Das schlichte, aber große, graue Berghaus steht seither sehr stattlich da.

Heute wird die Lamsenjochhütte aus allen vier Himmelsrichtungen von Bergsteigern, Bikern, Kletterern und Klettersteiggehern besucht. Jeder findet in der direkten Umgebung einen geeigneten Tummelplatz. Die Biker kommen über das Stallental hinauf und nehmen die Trails, zum Beispiel zur Binsalm bis in die Eng. Eine Paradewanderung ist die Gratwanderung zum Lamsenjoch (1953 m) oder zum Gipfel der Lamsenspitze (2508 m). Die Klettersteiggeher finden diverse Touren, jedoch ist der Brudertunnel durch einen Erdrutsch teilweise zerstört worden.

Hütteninfos

HÖHE	1953 m
TALORT/E	Eng; Gramaialm; Schwaz/Bärenrast
ANFAHRT	In die Eng über Bad Tölz in Richtung Hinterriß und dort in die Mautstraße bis zum Talende Eng fahren. Zur Gramaialm kommt man über Pertisau. Von dort besteht die Möglichkeit, mit einem 60 Jahre alten Bus ins Tal hinein zu fahren. Für Mountainbiker ist die Strecke ab Bärenrast am interessantesten. Hier steuert man Schwaz im Inntal an und fährt dann weiter ins Stallental.
ZUSTIEG	Von der Eng aus 2,5 Stunden. Der schnellste Weg führt von der Gramaialm aufwärts (2 Stunden).
HÖHENMETER	1097 ab Eng, 690 ab Gramaialm
SCHLAFPLÄTZE	126
KARTE	Kompass Nr. 027 *Achensee*, 1:35 000
BUCHUNG	Ab Mai darf unter +43.5244.62063 angefragt werden.

Abends gesellen sich die Alpinsportler jeglicher Couleur um den grünen Kachelofen der Hütte und genießen die schmackhafte Tiroler Küche und die Gastfreundschaft von Martina und Christian Füruter. Für die Puristen unter den Bergsteigern ist das Matratzenlager bekanntlich der einzig wahre Schlafplatz; 96 gibt es hier davon. Die Kenner fragen dagegen nach einer kuscheligen Viererkoje. Das Schmuckstück der Hütte, sozusagen der Gipfel der Romantik, ist aber das Turmzimmer mit zwei Betten in der »Festung des Karwendels«.

Während im Tal die Menschen gerne »neue Wege beschreiten«, ist das Karwendel ein Ort, um auf alten Wegen wie Jägersteigen und Almpfaden zu bleiben. Schön, wenn nach einer Wanderung ein Licht dort brennt, wo man gastlich willkommen geheißen wird. △

Blick vom Rofan auf die Gipfel der Vomper Kette mit Hochnissl und Lamsenspitze links oben. ▷

Ein Moment und ein Platz für Genießer: Nah am Friesenbergsee liegt das Friesenberghaus. Wo es Wasser gibt, gedeiht auch Leben – selbst in fast 2500 Meter Höhe.

Friesenberghaus

ZUM STEINERNEN WALD

Zuerst stehen da nur vereinzelte Steinmänner oder große Steinplatten, die gar nicht besonders auffallen. Zum Glück, denn der Aufstieg zum Peterskopfl (2679 m) ist zwar gut markiert, aber ein wenig Aufmerksamkeit erfordert er ja doch, und diese Konzentration wird sowieso schon durch die pittoreske Aussicht abgelenkt. Bei einer kurzen, gut gestuften und damit leichten Kraxelstelle heftet sich der Blick sogar mal ausschließlich auf den Fels, bevor sich das Gelände wieder öffnet. Und da sind sie: die eisgepanzerten Nordseiten der Riesen im Zillertaler Hauptkamm, Hochfeiler, Großer Möseler, Turnerkamp, Schwarzenstein und wie sie alle heißen.

Doch dann fällt noch etwas anderes auf, unmittelbar vor uns: Steinmänner und andere Gebilde, aufgeschichtet aus den Felsen und Platten, die sich hier zuhauf finden. Mit jedem Schritt über die sanfte, teils grasbewachsene Kuppe des Peterskopfls nimmt ihre Zahl zu, bis sie schließlich einen steinernen Wald bilden. Zuerst ist es die bloße Masse, die mit den weißen Gipfeln um die Gunst des Betrachters konkurriert. Doch beim genaueren Hinsehen berührt auch die Liebe zum Detail, mit der die Besucher des Aussichtsbergs ihre steinernen Kunstwerke erbauten: Große Platten ragen wie Obelisken auf, einzelne Steine tragen ganze Dächer, Felsenfenster ermöglichen einzigartige Schnappschüsse, und sogar Rundbögen tauchen auf, die scheinbar wider alle Physik der Schwerkraft trotzen. Das alles macht diesen Platz zu einem magischen Ort, durch den man sich nur mit größter Behutsamkeit bewegt.

Und das ist nur ein Grund, warum es sich lohnt, das Revier rund um das Friesenberghaus (2498 m) zu erkunden: Da ist

Hütteninfos

HÖHE	2498 m
TALORT	Ginzling (985 m)
ANFAHRT	Mit dem Auto von der Inntalautobahn in das Zillertal abfahren und in Mayrhofen ins Schlegeistal abbiegen. Dann entweder den Wagen im Bergsteigerdorf Ginzling stehenlassen und mit dem Wanderbus weiterfahren oder über die Mautstraße zum Schlegeisspeicher fahren. Mit dem Zug nach Jenbach und von dort mit der Zillertalbahn nach Mayrhofen. Der Bus der Linie 4102 fährt zum Schlegeis-Stausee.
ZUSTIEG	Vom Schlegeisspeicher über den Weg Nr. 532 zum Friesenberghaus
HÖHENMETER	700
SCHLAFPLÄTZE	65 Betten plus 20 Notlager
KARTE	Kompass Blatt 37 *Zillertaler Alpen–Tuxer Alpen*, 1:50 000
BUCHUNG	Buchungstool unter www.friesenberghaus.com/kontakt oder kurzfristig per Tel. +43.676.7497550

noch der Hohe Riffler (3231 m), ein mit etwas Erfahrung leicht zu besteigender Dreitausender. Da ist der milchig-blaue, in der Sonne leuchtende Schlegeisspeicher mit seiner riesigen Staumauer samt Klettersteig. Und da ist die schmucke Hütte selbst, die am zwar deutlich kleineren, aber nicht minder schönen Friesenbergsee liegt.

Hier oben verbringt das junge Wirtspaar Susanne Albertini und Florian Schranz seit sechs Jahren seine Sommer. Sie sind angenehme und interessante Gesprächspartner. Auf der Terrasse erzählt Florian Schranz bei einer seiner Spezialitäten, karamellisiertem und flambiertem Kaiserschmarrn, von der Arbeit auf der Hütte: dass früher jedes Zimmer fließendes Wasser hatte, was jedoch rückgebaut wurde. Mittlerweile trägt das Friesenberghaus sogar das Umweltgütesiegel des Alpenvereins. Auch in trockenen Sommern kommt es besser als viele andere Häuser mit dem Wasser aus, da es hier oben oft regnet. Die zahlreichen Seen, Bäche und das Wasser im Eis der Gletscher zeugen davon.

Doch plötzlich ist es wieder so eine Sache mit der Aufmerksamkeit: Nur wenige Meter hinter dem Hüttenwirt sonnt sich ein Murmeltier auf einem Felsen. Das possierliche Tierchen zieht immer wieder die Blicke der Besucher aus dem Tal auf sich. Für den Wirt dagegen sind die Murmler normal: »Die haben hier überall ihre Bauten, einmal haben sie sogar in den Keller gegraben«, erzählt er. Bleibt nur zu hoffen, dass sie nicht die Kunstwerke am Petersköpfl zum Einsturz bringen.

Ein ganzer Wald von bizarren Steinmännern und anderen Kunstwerken überrascht am Gipfel des Petersköpfls (2679 m).

Die vergletscherten Gipfel des Alpenhauptkamms spiegeln sich im Friesenbergsee. Hochfeiler und Hochferner ragen dabei auf der rechten Seite besonders hervor. ▽▽

In dieser Landschaft möchte man Freudensprünge machen! Der Untere Wildgerlossee und die Zittauer Hütte liegen bereits im Nationalpark Hohe Tauern.

Zittauer Hütte

STUFE FÜR STUFE INS HOCHGEBIRGE

Es ist, als hätte ein Regisseur zu dieser Tour eigens ein Drehbuch geschrieben mit dem Titel »Die Schönheit der Alpen – Stufe für Stufe«. Denn schon der Startpunkt am Alpengasthaus Finkau, inmitten idyllischer Wiesen samt Gehegen für niedliche Nutz- und Haustiere, hat seinen Reiz. Der Blick auf die bevorstehende Tour verdeutlicht, dass purer Wandergenuss vor einem liegt: Bereits zu sehen ist eine Waldstufe, die in einen tief eingeschnittenen Sattel führt. Dahinter bauen sich beeindruckend der vergletscherte Gabler (3263 m) und die abweisend-felsige Reichenspitze (3303 m) auf. Zwischen Wald und Eis breitet sich in ihrer Kargheit faszinierende alpine Ödnis aus. Links stürzt sich ein Wasserfall durch Grashänge, und rechts zieht die scharfe Linie einer Moräne ins Reich der Felsen. Dort oben liegt am noch versteckten Unteren Wildgerlossee auf 2328 Meter Höhe die Zittauer Hütte.

Nicht zu sehen dagegen ist, dass sich im nahen Wald das Naturdenkmal Leitenkammerklamm versteckt. Mehrere Aussichtsplattformen entlang des teils steilen Kieswegs gewähren Einblicke in die enge Schlucht, die den flechtenbedeckten Wald rauschend durchzieht. Die Tour führt durch das westlichste Tal der Hohen Tauern – dem mit Abstand größten Nationalpark der Alpen. Fast von selbst versteht es sich da auch, dass das Hüttenwirte-Ehepaar Barbara und Hannes Kogler bereits seit vielen Jahren besonders darauf achtet, ökologisch sinnvoll und behutsam zu arbeiten: Ein Wasserkraftwerk erzeugt Strom, eine Quelle versorgt die Hütte mit Wasser, und eine vollbiologische Kläranlage reinigt die Abwässer. Dafür tragen sie das Umweltgütesiegel des Alpenvereins. Eine Hütte in einem Nationalpark zu betreiben, stellt für sie keinen Nachteil dar:

Hütteninfos

HÖHE	2328 m
TALORT	Krimml (1067 m)
ANFAHRT	Mit dem Auto übers Zillertal in Richtung Gerlospass und etwa einen Kilometer vor der Passhöhe nach links abbiegen ins Wildgerlostal zum Alpengasthaus Finkau. Mit dem Zug bis Zell am Ziller und weiter mit dem Bus über Gerlos zur Haltestelle Gerlos Alpenstausee Durlassboden. Ab dort zu Fuß am Westufer des Stausees zum Alpengasthof Finkau.
ZUSTIEG	In den Nationalpark und auf dem Weg Nr. 540 durch das Wildgerlostal bis zur Talstation der Materialseilbahn. Ab dort steiler über felsiges Gelände und im weiten Linksbogen zur Hütte.
HÖHENMETER	950
SCHLAFPLÄTZE	73 Betten in Lagern sowie in 3 Zweibettzimmern und einem Dreibettzimmer
KARTE	Kompass Blatt 37 *Zillertaler Alpen–Tuxer Alpen*, 1:50 000
BUCHUNG	Tel. +43.6564.8262, E-Mail: info@zittauer-huette.at oder Buchungstool auf www.zittauerhuette.at/anfrage-kontakt

Die Zittauer Hütte bietet Wanderern die Gelegenheit, die Landschaft des Nationalparks auch am Abend noch zu genießen. Nach einem langen Wandertag ist ein gemütliches Bett im Haus sehr willkommen.

Am nächsten Morgen zaubern Licht und Wolken wieder neue Stimmungen über dem See. ▷

»IM WALD GIBT ES LUCHSE,
AUCH WENN MAN SIE NATÜRLICH
NICHT SIEHT«

Hannes Kogler

»Ich halte es für wichtig, dass hier alles geschützt ist«, erläutert Hannes Kogler. Schließlich leben auch viele Wildtiere auf den verschiedenen Stufen der alpinen Landschaft: »Im Wald gibt es Luchse, auch wenn man sie natürlich nicht sieht«, sagt der Wirt. Auf Höhe der Hütte gibt es Steinbockkolonien, und im Himmel hat er erst kürzlich einen der äußerst seltenen Bartgeier kreisen sehen.

Deutlich leichter macht die Materialseilbahn den Koglers die Arbeit im Nationalpark. Wer will, gelangt zu deren Talstation mit dem Mountainbike. Wanderer legen bis hierher einen langen, aber unschwierigen Weg zurück. Dann aber ändert sich der Charakter der Tour: Steil und felsig, teils mit Treppen und Drahtseilen entschärft, überwindet der Weg eine Geländestufe nahe des Wasserfalls und mündet in Hochgebirgslandschaft. Entlang der scharf geformten Moräne beschreibt er nun vor dem beeindruckenden Gletscher Wildgerloskees einen Bogen, bevor er über Platten die Zittauer Hütte erreicht. Bei passendem Wetter wartet dort eine der schönsten Hüttenterrassen der Alpen: Direkt am Unteren Wildgerlossee, nahe am Eis und doch noch im Gras, lassen sich hier herrliche Stunden verbringen. Dann geht es wieder ins Tal – oder aber ins Nachtlager auf der Hütte. Denn angesichts der anspruchsvollen Hochtouren ringsum wird mancher Bergsteiger am nächsten Tag die nächste Stufe der Schönheit der Alpen erklimmen wollen.

Hochgebirge wie aus dem Bilderbuch: Über den Wildgerlossee schweift der Blick über die Zittauer Hütte zum Weißkarkopf (rechts dahinter, 2850 m). Links steht der formschöne und vergletscherte Gabler (3303 m).

WEITERE HÜTTENZIELE IN ÖSTERREICH

Oberwalderhütte

Die Oberwalderhütte bezeichnet sich selbst als Hochalpinzentrum und wird diesem Etikett auch gerecht: Sie liegt mitten in der riesigen Gletscherwelt unter dem Großglockner und bietet dort zahlreiche Touren- und Übungsmöglichkeiten.

HÖHE 2973 m
TALORT Heiligenblut am Großglockner (1288 m)
ANFAHRT Mit dem Auto von Norden über St. Johann in Tirol nach Zell am See und zur Franz-Josefs-Höhe an der mautpflichtigen Großglockner-Hochalpenstraße. Von Süden via Spittal a.d. Drau oder Lienz zur Mautstraße. Mit dem Zug nach Zell am See und per Bus zur Franz-Josefs-Höhe.
ZUSTIEG Von der Franz-Josefs-Höhe über den markierten Gamsgrubenweg entlang der Pasterze zum Wasserfallwinkel. Am Ende geht es über ein Stück Gletscher (Südliches Bockkarkees) zur Hütte.
HÖHENMETER 600
SCHLAFPLÄTZE 46 Betten in Doppel- und Mehrbettzimmern sowie 91 in Matratzenlagern
KARTE Nationalpark Hohe Tauern *Rieserferner, Lasörling-, Venediger-, Granatspitz-, Glockner- und Schobergruppe*, 1:50 000
BUCHUNG Buchungsformular auf www.oberwalderhuette.at

Innsbrucker Hütte

Hochalpiner Stützpunkt am Habicht in den Stubaier Alpen. Von hier aus lassen sich Bergtouren, Klettersteige und Wanderungen aller Schwierigkeitsgrade unternehmen. Auch über einen hauseigenen Klettergarten und Übungsklettersteig verfügt die Hütte.

HÖHE 2369 m
TALORT Gschnitz (1242 m)
ANFAHRT Mit dem Auto die Brenner-Autobahn bei der Ausfahrt Matrei/Brenner verlassen. Auf der Brenner-Bundesstraße nach Steinach und beim ersten Kreisverkehr rechts über Trins nach Gschnitz fahren. Mit dem Zug nach Steinach am Brenner und weiter mit dem Bus nach Gschnitz.
ZUSTIEG Es gibt jeweils mehrere Wege aus dem Stubai- und Gschnitztal. Von Gschnitz geht es beispielsweise am Ende der öffentlichen Straße hinter dem Gasthof Feuerstein bei der Materialseilbahn auf dem Weg Nr. 60 direkt zur Hütte.
HÖHENMETER 1100
SCHLAFPLÄTZE 30 Betten in Mehrbettzimmern und 100 Plätze im Matratzenlager
KARTE Kompass Blatt 83 *Stubaier Alpen*, 1:50 000
BUCHUNG Buchungstool auf www.innsbrucker-huette.at

Olpererhütte

Schön in die Landschaft integrierte, moderne Holzarchitektur bietet die Olpererhütte. Dazu gibt es beste Blicke auf den Alpenhauptkamm, zum Beispiel auf den Großen Möseler. Wer die Hütte über die Osthänge vom Schlegeisstausee aus erreicht, sieht sie wie einen Bug mit Panoramafenster aufragen.

HÖHE 2389 m
TALORT Ginzling (985 m)
ANFAHRT Mit dem Auto über die Inntalautobahn ins Zillertal fahren. In Mayrhofen ins Schlegeistal zum Bergsteigerdorf Ginzling abbiegen. Entweder per Wanderbus weiter oder über die Mautstraße zum Schlegeisspeicher. Mit dem Zug nach Jenbach und von dort mit der Zillertalbahn nach Mayrhofen. Der Bus der Linie 4102 fährt zum Schlegeisstausee.
ZUSTIEG Vom Schlegeisspeicher auf dem Berliner Höhenweg/der Zillertaler Runde (Weg Nr. 502) direkt zur Hütte hinauf.
HÖHENMETER 600
SCHLAFPLÄTZE Hauptgebäude mit 60 Betten in Vierer- und Achterzimmern sowie Winterraum mit 12 Lagern
KARTE Kompass Blatt 37 *Zillertaler Alpen-Tuxer Alpen*, 1:50 0000
BUCHUNG Buchungstool auf www.olpererhuette.de oder Tel. +43.664.4176566

SCHWEIZ

Viertausender im Abendlicht: Wolken verhüllen den Gipfel des Dom. △

Wildes Wahrzeichen: das unnahbare Matterhorn über der Schönbielhütte. ▷

Sehnsuchtsort: die Tschiervahütte im Oberengadin. ▽▽

»BERGE SIND
STILLE MEISTER UND
MACHEN
SCHWEIGSAME SCHÜLER.«

Johann Wolfgang von Goethe

Der anspruchsvolle Weg zur Schreckhornhütte führt am Grindelwaldgletscher entlang. Dank der fürsorglichen Bewirtung von Ludivina Petridis-Riedi ist die Anstrengung aber bald vergessen.

»MEIN BRUDER WAR 40 JAHRE LANG LEHRER UND ICH MEISTENS IM BÜRO, BEVOR WIR DIE HÜTTE ÜBERNAHMEN.«

Ludivina Petridis-Riedi

Gleich gegenüber der Hüttenterrasse türmt sich mit dem Matterhorn ein Gigant der Alpen auf.

Schönbielhütte

VIS-À-VIS EINER NATURGEWALT

Die Matterhorn-Nordwand ist eine Naturgewalt. 1200 Höhenmeter Fels- und Eisgelände, nur starken Alpinisten zugänglich. Ihr zu Füßen spucken noch immer imposante Gletscher mächtige Wasserfälle aus, deren Wasser sich über steile Felsen ergießt. An heißen Sommernachmittagen schießen gigantische Wassermengen ins Zmutt-Tal und speisen die Stauseen und Flüsse oberhalb von Zermatt. Genau durch dieses Gelände führt der Zustieg zur Schönbielhütte. Oder die Zufahrt, denn bis rund 45 Gehminuten unterhalb der Hütte lässt es sich mit etwas Biss – oder einem Elektromotor – auch radeln. Im Frühsommer schieben Schneefelder der Strampelei irgendwann einen Riegel vor, später bestimmt das Gelände, wo der Rad-Parkplatz eingerichtet wird.

Ob in knapp vier Stunden zu Fuß oder deutlich schneller auf zwei Rädern: Eine Tour zum rustikalen Haus auf 2694 Meter Höhe führt durch verschiedene Welten. Das autofreie Zermatt stellt dabei einen Kosmos für sich dar – irgendwo zwischen Disneyland und Schweizer Alpenidyll angesiedelt und mit sehr vielen Touristen aus aller Welt. Doch wer will es ihnen bei dieser Szenerie verübeln? Wer zur Schönbielhütte will, taucht mitten in diese Bilderbuchlandschaft ein. Aber dennoch: »Richtig voll ist die Hütte selten«, sagt Wirtin Yolanda Biner-Perren. Seil, Karabiner, Steigeisen und Pickel können bei guten Wetterverhältnissen getrost im Tal bleiben, denn der Hüttenzustieg ist zwar lang, aber leicht. »Unsere Gäste sind ungefähr zu gleichen Teilen Wanderer und Bergsteiger«, erzählt Yolanda.

Beliebt ist die Hütte als Station auf der Sommer-Haute-Route oder der Tour du Ciel, und ein bestimmtes Bettenkontingent bleibt daher in den Unterkünften an diesen Wegen

Hütteninfos

HÖHE	2694 m
TALORT	Zermatt (1608 m)
ANFAHRT	Mit dem Auto über die Autobahn zum Zürichsee und auf der Landstraße am Vierwaldstättersee entlang, über Andermatt und Brig nach Täsch. Ab dort geht es nur per Taxi oder Bus weiter. Mit dem Zug zum Bahnhof Zermatt.
ZUSTIEG	Von Zermatt über die Siedlungen Blatten und »Zum See«, weiter südlich des Zmuttbachs über eine schmale Straße zu einem Stausee. Kurz steiler bergauf und über einen Moränenrücken nach Westen bis zum letzten Anstieg. Je nach Schneelage auch bis kurz vor der Hütte mit dem Fahrrad erreichbar, dann im unteren Bereich über ein Sträßchen via Furi zum Stausee.
HÖHENMETER	1100
SCHLAFPLÄTZE	80
KARTE	Swisstopo Landes-Karte 1347 *Matterhorn*, 1:25000
BUCHUNG	Tel. +41.4127.9671354

stets für Fernwanderer reserviert. Das gilt übrigens auch für die weltberühmte und daher gern volle Hörnlihütte am Matterhorn-Normalweg. Schon der ist nicht leicht, doch von der Terrasse der Schönbielhütte sehen Gäste auf noch weit anspruchsvolleres Terrain: die bereits erwähnte Nordwand, den Zmuttgrat sowie den nicht minder schwierigen Nachbar-Viertausender Dent d'Hérens. Trotz der Gletscherschmelze beeindruckt er mit seiner noch immer dick eisgepanzerten Flanke auf Schweizer Seite.

Auf der Hütte scheint die Zeit ein wenig stehengeblieben zu sein, Liebhaber von älteren Bauten werden sich in dem Haus von 1955 besonders wohl fühlen. Es ist einfach, hat aber durchaus seinen Charme: Im Durchgang zwischen Schuhraum und Gaststube klemmt ein Hausschuh, da die schwere Tür sonst mächtig zuknallt. Yolanda, ihr Mann Fredy, ebenso die Tochter und drei Söhne kennen jede knarzende Diele. Vor allem bei der Versorgung packen die Söhne kräftig mit an, damit der Heli möglichst wenig Material zu dem abgelegenen Haus befördern muss. Auch sonst hilft fast immer jemand mit, an diesem Tag greift Marine Oberson, die Freundin von einem der Söhne, Yolanda unter die Arme. Was sie hier besonders genießt? Das Frühstück. Wenn die Gäste weitergezogen sind, essen die beiden Frauen auf ihrer Terrasse – mit Blick auf eine wahre Naturgewalt.

Im Winter beschert vor allem die legendäre Haute-Route von Chamonix nach Zermatt mit ihren Varianten der Schönbielhütte Besucher.

»GIBT ES ETWAS SCHÖNERES,
ALS GLÜCKLICH UND ERFÜLLT AUF EIN LEBEN
IN DEN BERGEN ZURÜCKZUSCHAUEN?«

Bernd Ritschel

Vis-à-vis leuchten die Eismassen zwischen Matterhorn und Dent d'Hérens. ◁

Wenn die meisten Gäste weitergezogen sind, genießen Wirtin Yolanda Biner-Perren und Marine Oberson das Frühstück auf ihrer aussichtsreichen Terrasse. ▷

Ob Skitourengeher oder Wanderer – auf der Schönbielhütte sinken alle in wohlverdienten Schlaf. ▷

Die Spitze des Matterhorns hüllt sich in Wolken. Doch die Stimmung an diesem Morgen raubt einem trotzdem den Atem. ▽▽

Die Wiwanni passt perfekt in ihre Umgebung und ist ein gemütlicher Ort, um die Schweizer Bergwelt zu genießen.

Wiwannihütte

KLEINER ORT GANZ GROSS

Die Wiwanni geht noch als Geheimtipp durch. Das hat sicher damit zu tun, dass hier auf der Nordseite des Wallis für Schweizer Verhältnisse alles etwas kleiner ist. Die Wiwanni sitzt auf einem Bergsattel unterhalb des 3001 Meter hohen Wiwannihorns. Der formschöne, für das Wallis jedoch eher niedrige Gneis-Zacken, zieht vor allem Kletterer an. Klein sind ebenfalls die noch jungen Steinböcke, die wir an einem Steinmann direkt vor der Hütte beobachten. Drei Tiere tauchen im Lauf der Tage immer wieder auf: Ein Mutter- und ein Jungtier sowie ein Kleines, dessen Hörnchen aber schon auf eine große Zukunft hindeuten. Auch die Hütte selbst ist alles andere als riesig, bietet jedoch trotzdem Platz für 44 Bergsteiger. Über dem Gastraum, in dem Schaffelle die Bänke polstern, liegt das geräumige Lager.

Gigantisch passt dieses abgelegene Haus jedoch ins Landschaftsbild. Und ebenfalls großes Kino ist die Aussicht: Gegenüber, auf der anderen Seite des Rhonetals, blitzen die Gletscher und schneebedeckten Spitzen der Walliser Viertausender herüber. Dabei stechen vor allem die gleißend hellen Flanken des Weißhorns ins Auge.

1500 Meter oberhalb der nächsten Ortschaft Ausserberg hat Bergführer Egon Feller das Steinhaus mit dem putzig klingenden Namen errichtet. »Wiwanni bedeutet entweder Wanne der Wiehen, womit die Bartgeier gemeint sind, oder Weinwanne«, erzählt der gut gelaunte und sonnengegerbte Hüttenchef. Denn vor 1816, dem »Jahr ohne Sommer«, soll hier oben sogar Wein gediehen sein. Wer bei Feller zu Gast ist, erfährt viel über die Geschichte des Wallis, über Mythen und Sagen sowie über die Berge ringsum. Beispielsweise, dass noch heute ein Baum auf dem Gipfel des Wiwannihorns steht: Eine 27 Zentimeter hohe Lärche – womit wir wieder beim Thema »klein« wären.

Hütteninfos

HÖHE	2471 m
TALORT	Ausserberg (1008 m)
ANFAHRT	Mit dem Auto an Zürich- und Vierwaldstättersee entlang nach Andermatt. Weiter über Brig nach Ausserberg. Dort gibt es an der zentralen Parkuhr eine Fahrbewilligung für das schmale Sträßchen zur Parknische am Fuxtritt. Mit dem Zug über Brig nach Ausserberg. Von dort Taxidienst zum Fuxtritt.
ZUSTIEG	Vom Fuxtritt auf ausgeschildertem und markiertem Wanderweg durch Lärchenwald zur Wiwanni.
HÖHENMETER	620
SCHLAFPLÄTZE	44 Betten im Lager
KARTE	Swisstopo Landeskarte 274 *Visp*, 1:50 000
BUCHUNG	Tel. +41.27.9467478 oder über Buchungsformular auf www.wiwanni.ch

»WENN ICH KLETTERN KANN,
BIN ICH GLÜCKLICH.«

Egon Feller

Der Ausserberger Bergführer Egon Feller hat die Wiwanni mitten in seinem Kletterparadies gebaut. Der Aufstieg hierher lohnt sich auch für Wanderer, um das Panorama der Walliser Viertausender zu genießen.

Doch vor allem können die Gäste an Fellers großer Leidenschaft teilhaben: »Wenn ich klettern kann, bin ich glücklich«, lautet einer seiner prägnanten Sätze. Unzählige Ein- und Mehrseillängenrouten hat er um die Hütte herum eingebohrt und sogar einen eigenen Kletterführer dafür herausgegeben. Zudem zieht ein langer und anstrengender Klettersteig zur Hütte hinauf. Die gesamte Tour aus dem Tal bringt es immerhin auf 1550 Höhenmeter. »Der Anstieg gleicht ausdauermäßig der Besteigung des Matterhorns und ist auch als Konditionstour empfehlenswert«, sagt Feller. Er muss es wissen: Mit Gästen ist er häufig am Horu oder an anderen Riesen wie dem Bietschhorn (3934 m) nördlich der Hütte unterwegs. Zeigt sich das Wetter über dem sonnenverwöhnten Wallis mal weniger freundlich, stimmt ihn das nicht traurig – dann hat er Zeit, selbst zu klettern.

An diesem Tag steigt er über den Normalweg zum Auto ab, das an der luftigen Parknische am Fuxtritt auf 1851 Meter Höhe steht. Als ein erschöpftes, aber euphorisches Pärchen seine Hütte über den Klettersteig erreicht, nimmt er sie auf dem Abstieg spontan mit. Auf diese Weise sparen sie sich rund 900 Höhenmeter bis nach Ausserberg. Auch wenn hier alles etwas kleiner ist – die Entfernungen sind es nicht.

Blick von der Wiwanni: Links der Dom (4545 m), rechts das Weisshorn (4505 m) – die beste Sicht auf diese Riesen gibt es auf der Nordseite des Rhonetals.

Gerade wenn die Berge und das Wetter bedrohlich wirken, wird eine Hütte ihrer Bezeichnung »Schutzhaus« gerecht.

Schreckhornhütte

ALLES ANDERE ALS SCHRECKLICH

Seit Stunden sehnen wir diesen Moment herbei: Wir stoßen die Tür der Schreckhornhütte auf, haben auf einmal ein Dach über dem Kopf, und Mauern schützen uns vor dem Wind. Nach unserem langen und nassen Zustieg wissen wir das Haus auf 2530 Meter Höhe inmitten gigantischer Fels- und Gletscherwildnis der Berner Alpen besonders zu schätzen.

Noch bevor wir die durchnässten Jacken ausgezogen haben, steht Ludivina Petridis-Riedi mit zwei Tassen Tee im Schuhraum. Nur Augenblicke später bringt sie uns eine Schüssel heißes Wasser. Im Tal elementar, dort oben, den Elementen ausgesetzt, eine Wohltat, die Körperpflege und schnelles Auftauen ermöglicht. Später erläutert die Wirtin uns ihre Philosophie: »Hier kommt doch niemand freiwillig her, da ist es doch schöner, wenn man freundlich empfangen wird.« Wie recht sie hat – zumindest mit dem zweiten Teil.

Denn die Schreckhornhütte ist sehr wohl ein Ziel um ihrer selbst willen. Zwar steigen viele Gäste vor allem wegen des namengebenden Schreckhorns zu Ludivina und ihrem Bruder Richard Riedi auf, immerhin handelt es sich um einen der schwierigsten Viertausender der Schweiz. »Das bringt etwas Elitäres mit sich, weil viele schon auf mehreren Viertausendern waren und sich das Schreckhorn für den Schluss aufheben«, sagt Ludivina.

Doch auch der Weg zur Hütte bietet ein ausgewachsenes Abenteuer. Wir machen uns bei noch trockenem Wetter in Grindelwald auf. Düstere Wolken, die über den Mittellegigrat wabern und bald nach unserer Ankunft die Eiger Nordwand verhüllen, kündigen einen Wettlauf gegen das Wetter an. Pünktlich zum Beginn der Schwierigkeiten fängt es auch tatsächlich an zu regnen. Und so spektakulär der erste Teil des

Hütteninfos

HÖHE	2530 m
TALORT	Grindelwald (1034 m)
ANFAHRT	Mit dem Auto auf der A8 nach Interlaken, Ausfahrt Wilderswil nehmen und weiter nach Grindelwald fahren. Mit dem Zug via Interlaken nach Grindelwald.
ZUSTIEG	Von Grindelwald mit der Seilbahn zum Pfingstegg (1387 m). Von dort aus zur Bäregghütte, ab dort alpine, weiss-blau-weiss markierte Route. Keine Abzweigungen mehr, sodass der teils klettersteigähnliche Weg nicht verfehlt werden kann. Über Rots Gufer und Stieregg zur Schreckhornhütte.
HÖHENMETER	1250
SCHLAFPLÄTZE	65 Plätze in Lagern
KARTE	Swisstopo Landeskarte 1229 *Grindelwald*, 1:25 000
BUCHUNG	Tel. +41.33.8551025

rund fünfstündigen Zustiegs ist, ab der Bäregghütte ändert sich sein Charakter: Eine häufig nur noch dünne Pfadspur führt durch abschüssige Wiesen, die keinen Ausrutscher erlauben, denn jeder Fehler dieser Art würde in der tiefen Schlucht zu unserer Rechten enden – am Fuß des Eigers. Zwischendrin geht es auch wieder kräftig bergab, sodass die Motivationsdämpfer für den Rückweg bereits feststehen.

Doch trotz Absturzgelände im nassen Gras, Altschneefeldern, die ins Nichts laufen, und unzähligen kleinen und größeren Bachüberquerungen ohne Brücken – das war erst der Anfang. In einer vermeintlichen Sackgasse – vor einer von Felswänden eingefassten, steil abbrechenden Zunge des Grindelwaldgletschers – warnt ein Schild vor dem weiteren alpinen Weg zur Hütte. »Viele haben schon angerufen und abgesagt, weil sie sich an dieser Stelle nicht weitergetraut haben«, erzählt Ludivina Petridis-Riedi. Immer wieder müssen auch wir die Hände an den nassen Fels legen, uns an Drahtseilen durch die wilde Botanik im ausgesetzten Gelände arbeiten und über Leitern klettern. Spätestens als wir uns an einer Kette durch einen im Regen entstandenen Wasserfall hinaufhieven, sind auch die Schuhe durchnässt. Nach so einem Anstieg wissen wir wieder, was das Wort Schutzhaus eigentlich bedeutet.

Hier wucherndes Grün, dort Fels und Eis. Als trotz Regen ganz kurz die Sonne durchschimmert, verstärken sich die ohnehin scharfen Gegensätze auf dem Weg zur Schreckhornhütte.

Dramatische Landschaft beim Rückblick zur Bäregghütte – und der eigentliche Aufstieg fängt erst an …

»MANCHMAL IST ES DAS WETTER, DAS DER NATUR UND AUCH UNS BERGSTEIGERN KRAFT UND MAGIE VERLEIHT.«

Bernd Ritschel

Schöner kann es kaum sein: Großartiges Wetter, ein guter Pfad – und unten wartet verheißungsvoll schimmernd der Lago Maggiore.

Rifugio Al Legn

PURES GOLD

Die Schweiz mit Reichtum in Verbindung zu bringen, klingt nicht abwegig. Bei einer Hüttentour zum Rifugio Al Legn liegt das Gold jedoch regelrecht vor den Füßen. Auch wenn sich der Reichtum nur im Kopf anhäuft, denn auf dem Weg zur kleinen Hütte hoch über dem Lago Maggiore bedecken im Frühsommer die gelben Blätter des Goldregens den Boden. Doch allein dieser Bosco Sacro, der heilige Wald, lohnt einen Besuch und vergrößert den Erinnerungsschatz. Und es gibt bald noch mehr Gold …

Zuerst steht eine Anreise an, die sich bereits wie Urlaub anfühlt. Allein die Namen der Städte auf dem Weg lassen die Herzen von Freunden der Sonne und Wärme höher schlagen: Locarno, Ascona, Brissago. Fast bis zur italienischen Grenze fährt man zudem am grünen Westufer des Lago Maggiore entlang. Es folgt ein enges Sträßchen, das sich in vielen Kehren den Berg hinaufschlängelt – Ausweichmanöver gestalten sich spannend. Über Incella geht es zur Endstation, einem kleinen Wanderparkplatz am Weiler Mergugno auf rund 1050 Meter Höhe und damit schon beinahe auf halbem Weg zum Hausberg Gridone (2188 m).

Auf den verbleibenden knapp 800 Höhenmetern zum Rifugio Al Legn sollte niemand hetzen, denn kühle Temperaturen herrschen hier nur wenige Wochen im Jahr. Zudem öffnen sich im dichten Wald immer wieder neue Blicke auf den Lago Maggiore mit den Brissago-Inseln – und dann ist da ja noch der bereits erwähnte Goldregen zwischen mediterraner Vegetation. Was für ein Gegensatz zu den Touren auf den Gletscher- und Geröllriesen, für die es die meisten Bergsteiger in die Schweiz zieht!

Hütteninfos

HÖHE	1802 m
TALORT	Brissago (215 m)
ANFAHRT	Mit dem Auto über den San-Bernardino-Pass ins Tessin und via Bellinzona, Locarno und Ascona nach Brissago. Dort rechts über ein enges Sträßchen in vielen Kehren zum Wanderparkplatz in Mergugno. Mit dem Zug nach Locarno und mit dem Bus weiter nach Brissago. Nach Mergugno geht es nur mit dem Taxi oder zu Fuß.
ZUSTIEG	Von Mergugno auf gut ausgeschildertem Weg in vielen Kehren direkt zum Rifugio Al Legn.
HÖHENMETER	800
SCHLAFPLÄTZE	12 Betten im Lager
KARTE	Kompass Blatt 90 *Lago Maggiore–Lago di Varese*, 1:50 000
BUCHUNG	Tel. +41.79.8239807 oder Buchungsformular auf www.legn.ch

Nur noch wenige Meter trennen den Fotografen vom Rifugio Al Legn. Der Dunst kündigt bereits ein Hitzegewitter an. ◁

Wie so oft präsentiert sich der Morgen nach dem Wolkenbruch umso freundlicher. ◁

Luisa Grünenfelder bereitet in der Gaststube das Essen zu. ▷

»WIR SIND LAUTER FREIWILLIGE, DIE JEWEILS ZWEI WOCHEN HIER OBEN ARBEITEN.«

Luisa Grünenfelder

Oben schmiegt sich das kleine Betonhaus mit seinem spitzen Dach und dem flachen Nebengebäude seit 1995 an einen Hang nahe der Alpe Arolgia. Auf der Terrasse warten bereits Renate Metzger-Breitenfellner und Luisa Grünenfelder und motivieren schwitzende Neuankömmlinge: »Fast geschafft!« Sie sind zwei Freiwillige der »Amici della Montagna«, die das Rifugio in Zwei-Wochen-Intervallen bewirtschaften. Nach dem ersten Blick in den überraschend großzügigen Gastraum folgt Stirnrunzeln, wo sollen sich denn hier noch zwölf Betten verstecken? Die Antwort liefert ein kurzer Aufstieg über eine offene Wendeltreppe direkt hinter der Küche: Unterm Dach erstreckt sich ein geräumiges Lager. Jedes Detail an dieser Hütte ist durchdacht: Strom kommt aus zwei Solarzellen, für kalte Abende steht ein Holzofen bereit und für heiße Tage ein gasbetriebener Kühlschrank. Doch die meisten Zutaten für ihr Vier-Gänge-Menü zaubern die beiden Frauen aus einem Schlund im Mauerwerk am Hang hervor, in dem die Lebensmittel bei rund acht Grad lagern.

Und noch einmal zum Stichwort Reichtum: Gold wert sind nicht nur die Gespräche mit den tiefenentspannten Wirtinnen, sondern auch die ersten morgendlichen Blicke aus dem Fenster gen Osten. Im Sonnenaufgang leuchtet der Lago Maggiore vor einer grandiosen Kulisse aus Dreitausendern und Viertausendern in Farben, die sich tief ins Gedächtnis brennen. Pures Gold.

Über dem Lago Maggiore bricht ein Bilderbuch-Morgen an.

Das Rifugio Al Legn und die nahen Höfe liegen gerade noch im Tessin. ▽▽

Die Tschiervahütte mit ihrem modernen Anbau vor zwei Schaustücken des Engadins: links dem Piz Bernina mit Biancograt, rechts dem Piz Roseg. ▷

Steinböcke sind ein Wahrzeichen Graubündens. ▽

Tschiervahütte

UNTER HIMMLISCHEN GRATEN

Bergsteiger sind ihr die liebsten Gäste. Und Bergsteiger lieben Caroline Zimmermanns Tschiervahütte in ihrer großartigen Lage auf 2583 Meter Höhe. Jeden Morgen wiederholt sich bei passenden Verhältnissen die Prozedur: Noch vor 4 Uhr machen sich freudig angespannte Alpinisten über das Frühstücksbuffet her. Der ein oder andere muss nach einer kurzen Nacht und vor einem langen Bergtag kämpfen, um etwas runterzukriegen.

Gleichzeitig klimpern im Schuhraum schon die ersten Karabiner. Dann ziehen die ambitionierten Gruppen im Schein ihrer Stirnlampen wie Glühwürmchen in die Nacht – zum Eselsgrat am Piz Roseg (3937 m), zum Piz Morteratsch (3751 m) und vor allem in Richtung des heiligen Grals der Bergsteiger: zum anspruchsvollen Biancograt am Piz Bernina (4049 m), dem einzigen Viertausender weit und breit.

»Dort hat man das Gefühl, in den Himmel zu laufen«, schwärmt Caroline Zimmermann. Sie ist selbst begeisterte Bergsteigerin und versucht, ihren weltberühmten Grat in jedem Jahr einmal zu ersteigen, seit sie 2001 die Hütte als Wirtin übernommen hat. Die ersten Biancograt-Erfahrungen der Gäste Mädi und Matthias Brägger liegen deutlich länger zurück: Er kletterte schon 1964 erstmals dort, 1971 wiederholten sie die schwierige Hochtour als Paar. Es folgten zahlreiche weitere Herausforderungen in dem Gebiet, darunter die Nordostwand am Piz Roseg – damals noch eine durchgehende Eiswand.

Bergsteiger kennen das: Am Vorabend einer großen Tour wird bei den Seilschaften untereinander viel gesprochen und gefragt – wen sie am nächsten Tag wiedersehen oder wie die Verhältnisse eingeschätzt werden. Manche wollen auch

Hütteninfos

HÖHE	2583 m
TALORT	Pontresina (1805 m)
ANFAHRT	Mit dem Auto über Chur und den Julierpass oder über das Inntal und die Reschenstraße ins Engadin. Weiter über St. Moritz oder Samaden nach Pontresina. Mit dem Zug via Samaden nach Pontresina.
ZUSTIEG	Vom Bahnhof Pontresina auf breitem Fahrweg durch das Val Roseg zum Hotel Roseg und weiter über markierten Wanderweg zur Hütte. Bis zum Hotel Roseg geht es auch per Fahrrad oder Pferdekutsche.
HÖHENMETER	800
SCHLAFPLÄTZE	100 Betten auf Zimmer und Lager verteilt sowie 8 Betten im Winterraum
KARTE	Swisstopo Landeskarte 1277 *Piz Bernina*, 1:25 000
BUCHUNG	Tel. +41.81.8426391 oder Buchungsformular auf www.tschierva.ch

»ICH ERKUNDIGE MICH BEI DEN BERGFÜHRERN STETS
NACH DEN AKTUELLEN VERHÄLTNISSEN AM BERG.
ICH MUSS JA FÜR MEINE GÄSTE BESCHEID WISSEN.«

Caroline Zimmermann

Wirtin Caroline Zimmermann liebt die Berge des Oberengadins. ◁

Fast alle Gäste der Tschiervahütte haben am nächsten Tag Großes vor: Die Grate von Piz Bernina und Roseg verlangen den Bergsteigern viel ab. Da kommt eine ordentliche Portion zum Abendessen gerade recht. ▷

einfach nur ihre Nerven beruhigen. Auf die Frage nach dem Ziel antworten an diesem Abend die meisten »Eselsgrat« oder »Biancograt«. Die Bräggers aber entgegnen mit einem Lächeln: »Alte Erinnerungen wach werden lassen.«

Als am nächsten Morgen die Prozessionen von Stirnlampen in die Dunkelheit hinauseilen, hat Wirtin Caroline Zimmermann es wieder einmal geschafft. Sie hat ihre Gäste beherbergt, bekocht und beraten, sodass nun jeder sein Ziel ansteuert – über steiles Geröll in Richtung Bernina oder an schaurig-tiefen Gletscherspalten vorbei zum luftigen Felsgrat am Roseg. Nur wenige wissen, dass es hier auch den höchsten Wander-Dreitausender Graubündens gibt: den Piz Tschierva (3546 m). Wobei »wandern« relativ ist: Auch dort gilt es, bröseliges Geröllgelände zu meistern, und nur selten finden die Hände beim Kraxeln einen festen Stein. Als Alternative bietet sich an, doch über ein kleines Stück Gletscher zu gehen. Dafür wartet oben eine grandiose Aussicht auf die wilden Eisriesen des als »Festsaal der Alpen« gefeierten Rondels.

Irgendwann braucht auch Caroline Zimmermann eine Pause von Fels und Eis. Dann arbeitet sie als Floristin im Tal – eine tolle Abwechslung, sagt sie begeistert. Doch die meiste Zeit des Jahres sind ihr die Bergsteiger die Liebsten.

Der Traum vieler Hochtouren-Bergsteiger: Der Biancograt zieht sich als elegante Firn- und Felslinie auf den Piz Bernina (4049 m).

WEITERE HÜTTENZIELE IN DER SCHWEIZ

Mittellegihütte

An einem Pilgerort für Alpinisten aus aller Welt liegt die Mittellegihütte – am Eiger mit seiner weltberühmten Nordwand. Fast ebenso bekannt und begehrt ist der namengebende Mittellegigrat, auf dem sie steht. So grandios die Hütte liegt, so anspruchsvoll ist ihr Zustieg.

HÖHE 3355 m
TALORT Grindelwald (1034 m)
ANFAHRT Mit dem Auto auf der A8 nach Interlaken und via Ausfahrt Wilderswil nach Grindelwald fahren. Mit dem Zug über Interlaken nach Grindelwald. In beiden Fällen weiter mit der Jungfraubahn bis zur Station Eismeer.
ZUSTIEG Durch den Stollen auf den Challifirn und auf dem Gletscher nach Nordosten zu den Felsen queren. Der Einstieg der eingebohrten Route mit zwei Seillängen im III. Schwierigkeitsgrad liegt in Falllinie des »Grossen Turms«.
HÖHENMETER 250
SCHLAFPLÄTZE 36 Betten
KARTE Swisstopo Landeskarte 1229 *Grindelwald*, 1:25 000
BUCHUNG Tel. Hütte +41.33.8530366, außerhalb der Saison Tel. +41.33.8541280

Bertolhütte

Die Bertolhütte (auch im Bild ganz rechts zu sehen) liegt auf der legendären Haute Route, der Skidurchquerung von Chamonix nach Zermatt. Sie ist aber auch im Sommer ein um ihrer selbst willen lohnendes Ziel einer spektakulären Hochtour.

HÖHE 3311 m
TALORT Arolla (1968 m)
ANFAHRT Mit dem Auto über Zürich und Bern oder via Vierwaldstättersee und Andermatt ins Rhonetal. Bei Sion geht es durch das Val d'Hérens ins Val d'Arolla. Mit dem Zug nach Sion fahren und weiter mit dem Postbus über Les Haudères nach Arolla.
ZUSTIEG Von Arolla auf einem Fahrweg nach Süden bis zu dessen Ende und dann nach Südosten wenden. Weiter ins östlich gelegene Plans-de-Bertol auf 2664 m. Von dort zur Hütte im Col de Bertol. Der letzte Abschnitt verläuft über Gletscher.
HÖHENMETER 1400
SCHLAFPLÄTZE 80 Betten in 5 Schlafsälen mit je 16 Plätzen
KARTE Swisstopo Landeskarte 1347 *Matterhorn*, 1:25 000
BUCHUNG Tel. Hütte +41.27.2831929, außerhalb der Saison Tel. +41.76.7111922

Cabane du Mountet

Beeindruckend gelegenes Haus in einem weniger bekannten Gletscherkessel des Wallis. Auch wenn die Hütte vor allem Stützpunkt für Besteigungen der anspruchsvollen Drei- und Viertausender ringsum ist, lohnt sich ein Besuch auch für das Panorama mit Dent Blanche und Zinalrothorn.

HÖHE 2886 m
TALORT Zinal (1675 m)
ANFAHRT Mit dem Auto geht es über Zürich und Bern oder via Vierwaldstättersee und Andermatt ins Rhônetal. Bei Sierre durch das Val d'Anniviers nach Zinal. Mit dem Zug nach Sierre fahren und weiter mit dem Postbus über Vissoie nach Zinal.
ZUSTIEG Von Zinal nach Le Vichiesso im Talschluss und über Pont sur la Navisence und Grépon auf hochalpinem Steig mit Leitern zur Hütte. Alternativ an der Hütte Petit Mountet vorbei und über den Zinalgletscher.
HÖHENMETER 1300 m
SCHLAFPLÄTZE 110 Lagerplätze
KARTE Swisstopo Landeskarte 1347 *Matterhorn*, 1:25 000
BUCHUNG Tel. +41.27.4751431

ITALIEN

Im Morgenlicht leuchten die Cinque Torri und das gleichnamige Rifugio vor der Tofana und über Cortina d'Ampezzo. △

Der Gardasee erstreckt sich tief unter dem herbstlichen Monte Altissimo.

»TAUSENDE VON ERSCHÖPFTEN,
ZIVILISATIONSMÜDEN MENSCHEN
BEGINNEN ZU ENTDECKEN,
DASS DER GANG IN DIE BERGE EINER
HEIMKEHR GLEICHT.
SIE BEGREIFEN, DASS DIE WILDE NATUR
LEBENSNOTWENDIG IST UND
DASS NATURPARKS UND RESERVATE
NICHT NUR SCHLAGHOLZ UND WASSER
ZUM BEWÄSSERN LIEFERN,
SONDERN WAHRE QUELLEN
DES LEBENS SIND.«

John Muir
zu Beginn des 20. Jahrhunderts

Im Abendlicht heben sich die Zacken der Croda da Lago scharf vor dem Monte Antelao ab.

Der Mond erhellt eine eisige Augustnacht an der Rieserfernerhütte. ▽▽

»VON NUVOLAUS HOHEN
WOLKENSTUFEN LASS MICH, NATUR,
DURCH DEINE HIMMEL RUFEN:
AN DEINER BRUST GESUNDE,
WER DA KRANK!
SO WIRD ZUM VÖLKERDANK
MEIN SACHSENDANK.«

Richard von Meerheimb

Nur knapp unter der Dreitausender-Marke liegt die Zwickauer Hütte auf Südtiroler Seite der Ötztaler Berge. Hier auf der Terrasse spielt Wirt Heinz Leitner oft gemeinsam mit Freunden den Hüttenblues.

Zwickauer Hütte

DER SCHÖNE HÜTTENBLUES

Heinz Leitner steht allein vor der Zwickauer Hütte, und ihn beschleicht ein eigenartiges Gefühl – jedes Jahr. Wenn er nach Saisonende am 30. September mit langen Haaren und Vollbart als letzter aus dem Team den Schlüssel umdreht und ins Tal absteigt, wechselt er für neun Monate in eine andere Welt. Dann endet seine Zeit zwischen Geröll und Eis wieder. Eine Zeit, in der er seine Leidenschaften Kochen und Musizieren auslebt. Eine Zeit, in der das Leben einem anderen Tempo und anderen Gesetzen folgt und in der er viele neue, fröhliche Menschen kennenlernt. So sehr er sich auf das Leben in seiner Heimatstadt Bozen freut und die Pause von den langen Arbeitstagen auf fast 3000 Meter Höhe genießen wird, ein wenig Wehmut bleibt doch.

»Ich bin hier echt hängengeblieben«, erzählt Leitner und schmunzelt. Seine Passion merken die Gäste ihm an, und sie sind ihm dafür dankbar: Geschmacklich, wenn er sie mit frischen Zutaten bekocht oder akustisch, wenn er mit seinem Kollegen und Freund Günther Nogler den Hüttenblues spielt. Und auch einfach nur, wenn er, wie an diesem Tag, bei der benachbarten Stettiner Hütte anruft, um einen Platz für einen seiner fernwandernden Gäste zu reservieren. Lachen muss er, wenn er einräumt, dass es auch Negatives im Hüttenbuch zu lesen gibt – genau einen Eintrag. Der stammt von einem Gast, der nicht schlafen konnte wegen der ausgelassenen Stimmung unten in der Stube. »Es gibt bei uns keine Sperrstunde«, erzählt Leitner. Trotzdem drosselt er seitdem auch an noch so fröhlichen Abenden ab 22 Uhr die Lautstärke seiner Gäste. Denn die Hütte liegt im hochalpinen Gelände, an der eisigen Zunge des Planferners und am Fuß des Hinteren Seelenkogels (3475 m). Dreitausender-Bergsteiger und Wanderer auf dem Tiroler Höhenweg genießen zwar die gute Stimmung in dem Schutzhaus, wollen am nächsten Tag aber nicht nur gestärkt und gut gelaunt, sondern auch fit sein.

Hütteninfos

HÖHE	2989 m
TALORT	Pfelders (1628 m)
ANFAHRT	Mit dem Auto entweder über Brenner und Jaufenpass oder über das Timmelsjoch nach Moos in Passeier und weiter nach Pfelders. Mit dem Zug nach Meran und per Bus weiter nach Pfelders.
ZUSTIEG	Vom großen Parkplatz an der Skigondel durch das Dorf und auf dem Weg Nr. 6A über die Untere Schneidalm zur Zwickauer Hütte.
HÖHENMETER	1400
SCHLAFPLÄTZE	28 Betten in Zimmern und 44 in Matratzenlagern
KARTE	Kompass Blatt 042 *Inneres Ötztal*, 1:25 000
BUCHUNG	Tel. +39.0473.6466002

Die Geschichte mit Heinz Leitner und der Zwickauer Hütte begann im Jahr 2010, als das Land Südtirol nach einem neuen Wirt für das Haus suchte und ihn in Person des damaligen Finanz- und Anlageberaters fand. »Ich dachte mir, was sind schon drei Monate«, erinnert er sich. Doch wirklich Ahnung vom Leben da oben hatte er nicht. »Ich wusste nicht einmal, dass sie auf fast 3000 Meter liegt«, erzählt Leitner. Doch er stürzte sich in das Abenteuer und lernte viel. Mal gab es Probleme mit der Photovoltaikanlage, mal mit der Wasserversorgung, und bei schlechtem Wetter kam tagelang niemand vorbei. Gutes Trinkwasser kommt inzwischen über eine Pumpe aus einer Quelle, und Schlechtwettertage überbrückt er mit seinem Team, das er nicht genug loben kann. Nur einmal im Jahr lässt er es kurz allein. Dann steigt er über den langen und steilen 1400-Höhenmeter-Weg ins Tal ab und feiert mit seiner Frau ihren Namenstag, Geburtstag und den Hochzeitstag. Seine guten Beziehungen zur Stadt Zwickau pflegt er vor allem durch Besuche außerhalb der Saison. Dann freut er sich aber auch wieder darauf, Anfang Juli vor der Hütte zu stehen und den Schlüssel umzudrehen – diesmal in die andere Richtung.

Wandern in kargen Höhen, zwischen Schnee- und Gletscherresten und mit Blick auf die Texelgruppe.

Die Zwickauer Hütte vor dem Planferner und dem 3475 Meter hohen Hausberg Hinterer Seelenkogel.

Das Haus trotzt einem Sommergewitter. ▷

»BALD WERDEN DIE GEWITTERWOLKEN
DIE ZWICKAUER HÜTTE EINHÜLLEN.
IN SOLCHEN MOMENTEN WIRD EINE HÜTTE
WIEDER ZUM SCHUTZHAUS.«

Bernd Ritschel

Der Klettersteig Ferrata Ernesto Che Guevara zieht sich durch die fast 1400 Meter hohe Ostwand des Monte Casale.

Rifugio Don Zio Pisoni

ALM-IDYLLE ÜBER DER RIESENWAND

Plötzlich gehen wir durch das Wanderidyll schlechthin. Weite, grüne Wiesen erstrecken sich über ein Hochplateau, gesprenkelt von unzähligen Blumen-Farbtupfern. Wer im Sonnenschein kurz die Augen schließt, sieht die vielen Löwenzahnblüten noch als Punkte vor den Lidern leuchten. Nach gut zwei Stunden auf steilen Waldpfaden und kurzzeitig auf betonierter Forststraße zeigt sich die Hochebene am Monte Casale (1631 m) von der besten Seite.

Zwischen den Bäumen scheinen bereits die blau-weißen Fensterläden des Rifugio Don Zio Pisoni durch. Ob es wohl geöffnet hat? Eine Netzrecherche spuckt nicht allzuviele Informationen aus. Hängengeblieben sind die Daten zum Anstieg: 700 Höhenmeter von einem Waldparkplatz über Comano, gut zwei Stunden Gehzeit und das Stichwort »Selbstversorgerhütte«. Doch alle Zweifel verfliegen, als Christian Schülmers von Pernwerth uns mit einem breiten Lächeln begrüßt. Er serviert Birra und Kuchen, und das zu einem Preis, der kurz glauben lässt, er hätte sich zu seinen Ungunsten verrechnet. Doch so ist es nicht.

Denn die Hütte wird tatsächlich nicht im klassischen Sinn bewirtschaftet. Von April bis Oktober teilen sich 30 Freiwillige der italienischen Alpenvereinssektion CAI-SAT Tobling am Wochenende hier die Dienste. Im Hochsommer sind sie auch mal wochentags da. Auf diese Weise sorgen sie für ein, wie sie es nennen, »minimalistisches Angebot«. Fast schon entschuldigend heißt es auf einem dreisprachigen Schild an der Hütte: »Da keine Profis am Werk sind, hängt von den jeweiligen professionellen Möglichkeiten des zurzeit diensthabenden Mitglieds ab, wie gut oder wie schlecht die Führung der Hütte ist.« Wie bitte? Bodenständig ist das Essen vielleicht, dabei aber wirklich köstlich, und sich hier oben zu beschweren wäre geradezu frevelhaft.

Hütteninfos

HÖHE	1600 m
TALORT	Comano (618 m)
ANFAHRT	Mit dem Auto über den Brenner und bis nach Trient. Weiter über Landstraßen nach Ponte Arche und Comano. Mit dem Zug nach Trient und mit dem Bus nach Ponte Arche.
ZUSTIEG	Vom Parkplatz beim Sendemast über Comano auf der Forststraße, teils kürzt der Wanderweg Nr. 411 ab, zum Gipfelplateau des Monte Casale. An dessen westlichem Rand befindet sich das Rifugio Don Zio Pisoni.
HÖHENMETER	720
KARTE	Kompass Blatt 683 *Trentino* Karte 3, 1:50000
BUCHUNG	Selbstversorgerhütte ohne feste Bewirtungszeiten oder Anmeldung. Infos über den Alpenverein Toblino, Tel. +39.0465.21801 oder E-Mail: sat@sat.tn.it

PIETRAMURATA
Monte Casale
Le Quadre
Comano
Ponte Balandin
Malga Valbona
Malga di Vigo
S. Giovanni al Monte

Obendrein gibt es nahe des liebevoll geführten Hauses, am Monte Casale, eine Aussicht, die einem die Entscheidung schwer macht: Wohin soll man zuerst schauen? Auf die fünf Seen Garda, Cavedine, Toblino, Massenza und Molveno oder auf die grünen Berge in der Nähe? Auf die weißen Schnee- und Gletscherflächen der Ademello-Gruppe? Auf die grauen Felstürme der nahen Brenta? Oder doch lieber auf die spektakulären Abstürze der Paganella direkt über der Autobahn im Norden?

Trotz geringer Gipfelhöhe bietet auch der Monte Casale Tiefblicke westalpinen Ausmaßes. Schließlich bricht die Ostwand fast 1400 Höhenmeter ins Tal ab. Durch sie hindurch führt der berühmte Klettersteig Ferrata Ernesto Che Guevara. Sein Schwierigkeitsgrad wird mit B bis C (auf einer Skala von A bis E) angegeben. Doch nicht das technische Niveau zählt, sondern dass er zu den längsten Eisenwegen in den Alpen gehört und damit ein echtes Wandgefühl vermittelt. Es sollte sich also niemand wundern, wenn verschwitzte Bergsteiger mit Helm und Karabinern im Alm-Idyll auftauchen.

Auf dem Casale wartet eine grandiose Rundumsicht.

Auf dem lieblichen Plateau unterhalb des Casale-Gipfels liegt das Rifugio Don Zio Pisoni. ◁

Am Rifugio Altissimo über dem Gardasee öffnet sich der Blick auf das große Ganze ebenso wie auf wunderschöne Details, die die Natur in den Bergen bereithält.

Farbspiel des Himmels: Blick nach Norden auf Rovereto und die Straße nach Nago-Torbole. ▽▽

Rifugio Altissimo Damiano Chiesa

DAS HAUS AM SEE

Besser kann der Blick auf den Gardasee kaum sein. Obwohl – oder gerade weil – immer wieder Wolken heranhuschen und Teile des Sees verdecken, sieht er endlos aus, eher wie ein norwegischer Fjord. Bis kurz vor den ersten Regentropfen lässt sich dieses Schauspiel genießen. Dann finden die Bewunderer der Szenerie Schutz im nahen Rifugio Altissimo Damiano Chiesa.

Das Wetter sorgt für Hochbetrieb, sodass Eleonora Orlandi und der Rest des Teams auf der Hütte zwischen den letzten Schneeresten alle Hände voll zu tun haben. Nur wenige Meter unter der breiten Gipfelkuppe des Monte Altissimo di Nago (2079 m) versprüht der massive Steinbau von 1892 heimelige Atmosphäre. Kaminrauch steigt in die Nase und lässt auf diesem Frühjahrstrip kurze Erinnerungen an den Winter erwachen. »Im Frühling kommen viele Österreicher und Deutsche hierher«, erzählt Eleonora. Die deutschsprachigen Gäste fahren an den Gardasee, weil sie Sonne und steigende Temperaturen nicht mehr erwarten können. Doch auf über 2000 Meter Höhe wird es auch in »bella Italia« schnell kühl. Unten dagegen herrscht Frühsommer, und jede Menge Ausflügler genießen italienischen Flair in den Straßen von Riva del Garda und Nago-Torbole. Legt sich der Wind, springen die Menschen sogar ins noch kalte Wasser und schwimmen direkt unter dem Monte Altissimo di Nago entlang.

Für all jene, die dort hinauf wollen, bieten sich verschiedene Anstiege an: Der ehrlichste führt von Nago, knapp oberhalb des Sees, in satten 1850 Höhenmetern hoch. Eine tolle Wanderrunde mittlerer Länge aber führt von der Ostseite aus zum Haus über dem See. Im Bergort San Giacomo, auf 1200 Meter Höhe, geht es gleich auf schmalen Pfaden bergan.

Hütteninfos

HÖHE	2060 m
TALORT	Nago-Torbole (222 m)
ANFAHRT	Mit dem Auto über den Brenner und auf der A22 in Richtung Gardasee fahren. Bei Mori auf der SP3 ins Bergdorf San Giacomo. Oder weiter bis nach Nago-Torbole – dann geht man aber die deutlich längere Tour. Mit dem Zug nach Rovereto und per Bus weiter nach San Giacomo oder Nago-Torbole.
ZUSTIEG	Von San Giacomo auf Weg Nr. 622 über den Monte Campo. Weiter durch eine Senke und steil zum Rücken des Monte Altissimo. Die Hütte steht wenige Meter unter dem Gipfel.
HÖHENMETER	900
SCHLAFPLÄTZE	36 Betten in Zimmern und 10 Schlafplätze im Winterraum
KARTE	Kompass Blatt 683 *Trentino* Karte 3, 1:50000
BUCHUNG	Tel. +39.0464.867130

Die Sonne brennt auf die ostseitigen Hänge und lässt die Feuchtigkeit der Nacht verdampfen. Damit liefert sie den Wolken Futter, die wenige Stunden später das Rifugio einhüllen werden. Doch bis dahin führt ein abwechslungs- und aussichtsreicher Weg über den Monte Campo (1666 m) und an einer für diese Höhenlage unerwartet großen Alm vorbei. Bald darauf löst Frühjahrs-Braun das Frühsommer-Grün ab. In der Scharte Bocca Paltrane tut sich erstmals ein neuer Blick nach Westen auf, und der Weg passiert Schützengräben aus dem Ersten Weltkrieg. Der See selbst bleibt auf dem Gipfel des Altissimo verborgen. Doch nur ein paar Schritte darunter – wow!

Nachdem nicht nur die Aussicht, sondern auch das Wetter norwegisch wird, ist es Zeit für Apfelkuchen und Espresso bei Eleonora. Bald füllt sich die Gaststube mit patschnassen Mountainbikern, und die beschlagenen Fenster gewähren keine Sicht mehr nach draußen. Eleonora erzählt, dass sie die Biker gezielt anlockt: Zu Beginn der Saison bearbeiten sie und ihre Familie die Schotterpiste auf der anderen Seite des Bergs, damit sie gut fahrbar bleibt. Auch für Wanderer bietet dieser breite Weg einen angenehmen Abstieg, der die Hütten- und Gipfeltour zum Altissimo zur Runde aufwertet. Eine Runde, die einen der besten Blicke auf den Gardasee bietet.

Nur ein paar hundert Meter sind es von der Hütte bis zu den atemberaubenden Abbrüchen über dem Gardasee.

Weil das Schlernhaus in mehreren Bauphasen entstand, sprechen manche auch von den Schlernhäusern.

Schlernhaus

BLICK AUF DAS FELSIGE WUNDERLAND

Hier oben in der Wiese oberhalb der weltberühmten Seiser Alm zu liegen, hat etwas Paradiesisches. Natürlich ist es Geschmackssache, welche Berge denn nun die schönsten auf dem Planeten sind, aber die Dolomiten gehören unbestritten dazu. Schließlich zählen sie seit 2009 sogar zum Weltnaturerbe der UNESCO. Fast alle Bergsteiger erleben dort früher oder später ihre ganz persönlichen Abenteuer: An einem der unzähligen Klettersteige, auf einem ausgesetzten Wanderweg entlang imposanter Abgründe oder am scharfen Ende des Seils.

Doch hier und heute nicht. Denn die Zacken, Grate und Wände aus hellem Kalk sind zwar nah, aber doch zu fern, um ambitionierte Gedanken auf die Schnelle in die Tat umzusetzen. Das Schlernhaus jedoch – auch Schlernhäuser genannt – liegt ganz in der Nähe. Ein Gast fasst die Faszination des großen Hauses in passende Worte: »Das Besondere hier ist, dass man dieses Panorama bei Morgen- und Abendlicht genießen darf.« Wenn die letzten Sonnenstrahlen verschwinden und es zu kalt wird, um Rosengarten, Latemargruppe und all die anderen Schaustücke der Dolomiten draußen zu bewundern, wartet drinnen ein Essen, das der Wirt und gelernte Koch Harald Gasser frisch zubereitet. Servieren wird seine Frau Silvia mit den herzlichen jungen Angestellten in einem Speisesaal, der beinahe feudale Stimmung aufkommen lässt. Trotz dieses ungewöhnlichen Ambientes speisen die Gäste hier zu ganz normalen Preisen – und besonders lecker.

Das Hüttenerlebnis hier bleibt – anders als die Kletterrouten der Umgebung – nicht nur wenigen Privilegierten vorbehalten. Bergwanderer von überallher steigen über einen der zahlreichen Wege auf, die zwischen drei- und viereinhalb Stunden in Anspruch nehmen. »Unter ihnen sind auch immer mehr Leute zum Beispiel aus den USA oder Südkorea. Das liegt am

Hütteninfos

HÖHE	2457 m
TALORT	Seis (1002 m)
ANFAHRT	Mit dem Auto über den Brenner fahren und die Ausfahrt Chiusa-Val Gardena-Klausen-Gröden nehmen. Auf den Landstraßen SS12 und LS24 nach Seis. Mit dem Zug nach Brixen oder Bozen und mit dem Bus nach Seis.
ZUSTIEG	Mit der Umlaufbahn auf die Seiser Alm und über die Straße sowie über die Wege Nr. 10 und 5 zur Saltner Schwaige (auch Abkürzung per Lift möglich). Von dort auf Weg Nr. 5 zum Schlernhaus.
HÖHENMETER	800
SCHLAFPLÄTZE	120 Betten, 30 davon in Einzel- und Doppelbettzimmern sowie 90 Lagerplätze in unterschiedlich großen Räumen
KARTE	Tabacco Blatt 2 *Val di Fassa–Alta Badia–Val Gardena/Gröden*, 1:50 000
BUCHUNG	Tel. +39.0471.612024

»ICH BIN AUF DER HÜTTE AUFGEWACHSEN,
DAS IST MEINE HEIMAT.«

Harald Gasser

Wirt Harald Gasser versorgt seine Gäste als gelernter Koch mit besonderen Leckerbissen. Seine Frau Silvia und er legen Wert auf freundlichen und zuvorkommenden Umgang.

Das gilt auch für den Service im hohen, großzügigen Speisesaal. ◁

UNESCO-Weltnaturerbe«, sagt Harald Gasser. Beliebt sind auch fünf- bis sechstägige Hüttentouren durch das Rosengarten-Massiv. »Dabei sind wir dann die Anfangs- oder Endhütte«, erzählt er weiter.

Der Speisesaal wurde 1907 als letzter von drei großen Abschnitten des Schlernhauses gebaut. »Er bietet optisch ein gutes Bild, ist aber ganz schön aufwendig zu heizen«, schmunzelt das Wirtsehepaar aus dem nahen Völs. Die beiden erklären: Der heutige Mittelteil des Hauses entstand bereits 1885, zuerst als Holzhütte des Alpenvereins. Er wurde später wegen des unerwartet großen Andrangs als Steinhaus errichtet. Weil das Standesdenken im ausgehenden 19. Jahrhundert auch in den Bergen noch ausgeprägter war, kam 1897 daneben ein privates Haus eigens für gut betuchte Gäste hinzu. Am Ende folgte der Speisesaal. Mittlerweile gehören alle Teile zusammen und bilden so ein außergewöhnliches Berghaus auf 2457 Meter Höhe. So außergewöhnlich, dass es schwerfällt, es am nächsten Morgen wieder zu verlassen. Als die Sonne hinter dem Langkofel als rotglühender Feuerball aufgeht, stehen einige Murmeltiere schon vor ihren Bauten und sehen ihr entgegen. Es hat wieder etwas Paradiesisches.

Die meisten Gäste kommen für diesen Blick ins felsige Wunderland des Rosengartens. Viele von ihnen wandern von Hütte zu Hütte.

Hoch über dem Tauferer Ahrntal in Südtirol liegt die Schwarzensteinhütte. Der Weg dorthin verlangt gute Kondition.

Schwarzensteinhütte

RECHERCHE IN ZWEI AKTEN

Erster Akt, ein Tag im August: Er wollte Dramatik, hat sich wildes Wetter und Einsamkeit gewünscht. Das bekommt er auch. Allein am Berg, allein weit und breit, ist der Fotograf im strömenden Regen unterwegs. Jacke und Schirm halten zwar das Gröbste ab, zunehmend ungemütlich wird es trotzdem mit jedem Schritt. Es ist ein langer, anstrengender Weg aus dem Tauferer Ahrntal hinauf zur Schwarzensteinhütte auf 3026 Meter Höhe. Gut vier Stunden dauert der 1560-Höhenmeter-Anstieg normalerweise. Doch das Donnergrollen über dem Gletscher, das zwischen den Wänden widerhallt, macht ihm Beine. Vor allem an den Stahlseilen über dem Toteisfeld des Rotbachkees' in einem Felskessel muss er aufpassen, denn hier hätte ein Blitzschlag fatale Folgen. Dass so ein Szenario nicht abwegig ist, erzählt später Margit Ainhauser, die in dieser ersten Saison auf der neuen Hütte arbeitet: »Letztes Jahr ist ein Blitz in den Kaminsteig eingeschlagen, sodass die Seile, die Leitern und alles runtergebrochen ist.« Bis dahin ließ sich das Eis auf diesem Steig umgehen.

Als der Fotograf die Hütte erreicht, die sich wie ein chromfarbener Monolith auftürmt, fällt die Anspannung von ihm ab. An diesem Tag stellt auch der komfortable Neubau von 2018 unter Beweis, was ein solches Haus in den Bergen in allererster Linie ist: eine Schutzhütte. Trockengelegt und aufgewärmt kann er trotz des schlechten Wetters seiner Arbeit nachgehen. Schon eine kleine Regenpause zieht ihn wieder nach draußen. Dabei begleitet ihn Shep, Margit Ainhausers Australian Shepherd, doch ein Pfiff seines Frauchens genügt, und das Tier fetzt über Schneefelder nach unten.

Hütteninfos

HÖHE	3026 m
TALORT	St. Johann im Ahrntal (1017 m)
ANFAHRT	Mit dem Auto über den Brenner und Bruneck in das Tauferer Ahrntal und der Hauptstraße bis nach St. Johann folgen. Im Ort links über die Straßen Kohler Lahna und Rohrberg zum Wanderparkplatz an der Stallila-Jausenstation. Mit dem Zug nach Bruneck und mit dem Bus nach St. Johann im Ahrntal.
ZUSTIEG	Über die teils steile Forststraße (Nr. 23A) zur Daimeralm auf 1862 m. Von dort über den gut ausgeschilderten Weg Nr. 23, einen hochalpinen Lehrpfad, direkt aufwärts. Oben über Schneefelder, den sogenannten Gletscherweg und dessen klettersteigähnliche Passagen, zur Hütte.
HÖHENMETER	1560
SCHLAFPLÄTZE	50 in Zimmern mit 2 bis 10 Betten
KARTE	Kompass Blatt 37 *Zillertaler Alpen–Tuxer Alpen*, 1:50 000
BUCHUNG	Tel. +39.0348.7109916

Wie ein gewaltiger Monolith steht die Schwarzensteinhütte in einer Welt aus Fels und Eis. Auch von innen präsentiert sich das eigenwillig geformte Haus modern und großzügig. Und bei schlechtem Wetter und wenigen Besuchern haben Margit Ainhauser und Elisa Innerhofer auch mal Zeit für einen Kaffee.

»NEUNZIG PROZENT UNSERER GÄSTE SIND VON DEM NEUBAU BEGEISTERT.«

Margit Ainhauser

Auch den Fotografen treibt es am nächsten Morgen hinunter: Bei Schneefall rettet er sich ins Tal. Natürlich nicht, ohne zuvor noch dramatische Fotos zu schießen.

Zweiter Akt, vier Tage später: Fotograf und Schreiber haben gemeinsam zwei weitere Hütten in Südtirol besucht. Nun steht die Recherche für den Text der Schwarzensteinhütte an. Und statt des gefühlten Weltuntergangs wie nur wenige Tage zuvor gibt es nun auf den vielen Höhenmetern in Richtung Zillertaler Hauptkamm schönsten Sonnenschein. Dennoch liegen noch weit unterhalb der Hütte erste Schneefelder auf dem Weg. Spätestens an den Eisresten kommen Hochtourengefühle auf: Gleißend weiß leuchtet der viele Schnee in der Sonne und bedeckt große Teile des neuen Klettersteigs, der ausgesetztere Querungen, Platten und Steilaufschwünge entschärft. Auch die Atmung macht sich auf den letzten Metern zur Hütte langsam bemerkbar.

Oben kümmern Margit Ainhauser und Elisa Innerhofer sich um ihre Gäste, während Shep im Schnee spielt. Die Frauen erzählen, dass die Höhe tatsächlich manchem Gast zu schaffen macht. Gerade in solchen Fällen stellt der Bau mehr als nur faszinierende Architektur in den Bergen oder einen Stützpunkt bei einer Besteigung des Schwarzensteins (3335 m) dar – eine Schutzhütte bleibt sie auch unter blauem Himmel. Doch so oder so bildet sie ein faszinierendes Ziel – ganz um ihrer selbst willen.

Namenspatron der Hütte und Ziel vieler Bergsteiger: Der Schwarzenstein (3335 m), von Nordosten aus gesehen.

Ein langer Anstieg führt aus dem Antholzer Tal zur Rieserfernerhütte.

Rieserfernerhütte

EIN LEBEN FÜR DIE BERGE

Kein Sahnetörtchen-Hüttenwirt ist er – so charakterisiert Gottfried Leitgeb sich selbst. »Mir geht es um die alpine Erschließung und wie wir damit umgehen.« Damit ist schon viel gesagt. Doch was genau meint der Südtiroler damit? Ein Beispiel: Im Keller seiner Rieserfernerhütte hat er einen Winter- und Selbstversorgerraum eingerichtet, den er stets mit Wasser bestückt und mit lang haltbaren Armeerationen für Bergsteiger in Not. »Das sehe ich als Zweck einer Schutzhütte«, sagt Leitgeb. Auch bietet er Bergsteigern, die wenig Geld zur Verfügung haben, dort kostenlose Schlafplätze. »Ich habe Mitleid mit ihnen, denn ich kenne das von früher selbst«, erzählt der Hüttenwirt. Er erinnert sich, dass er als Jugendlicher einen ganzen Tag im Schnee spurte. Ein deutscher Bergsteiger, der dank seiner Fußstapfen leichter vorankam, spendierte ihm abends auf der Hütte ein Omelett – das sei großartig gewesen.

Gottfried Leitgeb und das Haus auf 2791 Meter Höhe gehören seit eh und je zusammen, erzählt er beim sommerlichen Schneeschaufeln. Ein Kälteeinbruch hat über Nacht eine dicke Schneeschicht gebracht und die graue Hochgebirgswüste der Rieserfernergruppe in erstes Weiß gehüllt. Der Wind hat hohe Verwehungen modelliert – ausgerechnet am Hubschrauberlandeplatz. Genau dort stand früher die Fürther Hütte, die mit Ausbruch des Ersten Weltkriegs geschlossen wurde und verfiel. Als der Südtiroler Alpenverein beschloss, eine neue Unterkunft zu errichten, half der damals 19-jährige Seilbahntechniker aus dem Antholzer Tal bereits beim Bau der Materialseilbahn mit.

Hütteninfos

HÖHE	2791 m
TALORT	Antholz (1241 m)
ANFAHRT	Mit dem Auto über den Brenner nach Bruneck und weiter nach Osten. Dann auf die SP44 in das Antholzer Tal abbiegen. Die Egger Höfe liegen oberhalb von Antholz-Mittertal. Mit dem Zug nach Bruneck und per Bus weiter nach Antholz-Mittertal.
ZUSTIEG	Vom Parkplatz an den Egger Höfen dem ausgeschilderten breiten Forstweg Nr. 3 folgen. Vorbei an der Bergeralm und auf einer Brücke den Klammbach überqueren. Der Weg Nr. 3 führt immer steiler bergauf zur Hütte.
HÖHENMETER	1450
SCHLAFPLÄTZE	20 Plätze in Mehrbettzimmern, 40 in Lagern und 20 im Winter- und Selbstversorgerraum
KARTE	Kompass Blatt 82 *Taufers – Ahrntal*, 1:50 000
BUCHUNG	Tel. +39.0474.492125

In diesen Höhen kann es auch im August eiskalt werden. Gerade solche Wetterkapriolen sorgen aber für spektakuläre Lichtstimmungen, egal ob zum Sonnenuntergang oder bei Nacht.

»DIE HÜTTE LIEGT HOCH, VON ALLEM WEIT ENTFERNT UND AUCH EIN BISSCHEN IN EINER WÜSTE. ABER DIE WÜSTE LEBT.«

Christine und Gottfried Leitgeb

Mit Ausnahme von einem Jahr, in dem er zum Militär musste, gehörte er immer zur Hütte: zuerst als Arbeiter, dann als Wirt und Geschäftsführer und seit 1981 als Pächter. Sogar eine kleine Kapelle richtete er hinter dem Haus ein. »Ich bin Hüttenwirt mit Leib und Seele«, sagt er, inzwischen wieder in der gemütlich warmen, holzgetäfelten Stube.

Bergsteiger mit Leib und Seele trifft es vielleicht noch besser. Denn früher war er viel auf Hoch- und Skitouren in den ganzen Alpen unterwegs, und die Gipfelanstiege nahe seiner Hütte spurte er nach Schneefällen oft als erster. Außerdem ist er ausgebildeter Heeresbergführer und engagiert sich als Bergretter sowie im Zivilschutz und bei der Lawinenkommission. Als Retter sprang er früher oft mitten im Hüttendienst in den Heli, und heute laufen bei ihm per Funk die Fäden zusammen, sodass er die Einsätze koordiniert. Bei so viel Engagement für die heimischen Berge verwundert es nicht, dass Leitgeb sich als Heimatkundler betätigt. Immer wieder sucht er die Gletscher auf Artefakte früherer Zeiten ab. Dabei entdeckte er bereits ein Jahr vor dem sensationellen Ötzifund rund 3000 Jahre alte und bestens erhaltene Beinkleider.

Bleibt die Frage, was es mit den Sahnetörtchen auf sich hat? »Ich bin nicht für Schnickschnack zu begeistern«, sagt Gottfried Leitgeb. Doch mit einer Sache setzten »die Mädels« – seine Frau und die Angestellten – sich durch: Mittlerweile gibt es auch auf der Rieserfernerhütte Sahne zum Kuchen.

Die Sonne geht über dem Antholzer Tal auf. Bald gehört der Sommerschnee wieder der Vergangenheit an.

Besser kann die Lage kaum sein: Die Hütte auf dem 2575 Meter hohen Gipfel des Nuvolau bietet uneingeschränkte 360-Grad-Sicht.

Rifugio Nuvolau

DIESER BLICK!

Über die Aussicht am Berg wird ja viel und gern geschrieben. Aber am Rifugio Nuvolau, muss sie einfach an erster Stelle stehen. Selbst wer bereits sein ganzes Leben in den Bergen unterwegs ist, kann sich ein ehrfürchtiges »Wow!« hier oben auf 2575 Meter Höhe nicht verkneifen. Dass die Dolomiten zu den schönsten Bergen der Welt zählen, hat sich herumgesprochen. Hier am Rifugio Nuvolau stehen Bergsteiger mittendrin. In allen Richtungen strecken sich Kalknadeln in den Himmel, bauen sich massive Felsklötze auf, finden sich Schneefelder und Gletscher. Bei genauerem Hinsehen ziehen Wanderwege durch Wiesen und Felskare, und es blitzen einem die weißen Spitzen des Alpenhauptkamms entgegen. Besondere Schaustücke sind die hellen Felsen der Tofana di Rozes (3225 m) im Norden, die düstere Civetta (3220 m) im Süden sowie die vergletscherte Marmolata (3343 m) im Westen. Diese perfekte Rundumsicht bietet sich direkt von der Hüttenterrasse. Das Rifugio Nuvolau steht auf dem höchsten Punkt des gleichnamigen Bergs. Bei schönem Wetter brutzelt hier oben sogar Fleisch auf dem Grill.

Auch Sylvester Stallone kam 1992 in den Genuss dieser Hütte, denn in der Region entstanden große Teile des Hollywood-Actionkrachers »Cliffhanger«. »Es wurde sehr viel mit Helikoptern gefilmt, geflogen von verrückten Vietnam-Veteranen, die extrem nah an der Hütte schwebten«, erzählt Kevin Siorpaes, der das Haus zusammen mit Vater Mansueto und Mutter Joanne führt. Noch heute schüttelt er den Kopf bei dem Gedanken, wie nah die Rotorblätter den historischen Mauern kamen. Denn er sagt auch: »Die Hütte ist wie ein Museum.«

Hütteninfos

HÖHE	2575 m
TALORT	Cortina d'Ampezzo (1211 m)
ANFAHRT	Mit dem Auto über den Brenner und Bruneck bis nach Toblach. Dort der SS51 nach Süden bis nach Cortina d'Ampezzo folgen. Mit der Bahn nach Toblach und mit den Anschlussbussen der SAD weiter nach Cortina.
ZUSTIEG	Vom Parkplatz am Passo Falzarego (2105 m) auf dem Weg Nr. 441 südostwärts in die Forcola Gallina und am Monte Averau vorbei zum Rifugio Nuvolau. Kürzere Zustiege mit Seilbahnunterstützung von den Cinque Torri oder dem Rifugio Averau möglich. Abstieg oder weiterer lohnender Anstieg zu Fuß über Dolomiten-Fernwanderweg Nr. 1, in der Mitte zwischen Passo Falzarego und Parkplatz Cinque Torri.
HÖHENMETER	600
SCHLAFPLÄTZE	24 Betten
KARTE	Tabacco Blatt 2 *Val di Fassa–Alta Badia–Val Gardena/Gröden*, 1:50 000
BUCHUNG	E-Mail: siorpaes@yahoo.com, Tel. +39.0436.867938 oder +39.0436.5178 (nach Mansueto fragen)

Sie gehört zu den ältesten der Dolomiten, war laut Siorpaes im Eröffnungsjahr 1883 sogar die erste überhaupt. Sie geht zurück auf den Dresdener Oberst Richard von Meerheimb, der sich im nahen Cortina d'Ampezzo von einer schweren Lungenkrankheit erholte. Aus Dankbarkeit über seine Genesung finanzierte er das Haus auf dem Gipfel. Wenige Jahrzehnte später wütete der Erste Weltkrieg in den Dolomiten, daher finden sich in der Nähe restaurierte Schützengräben.

Wie ein Spinnennetz sehen die Wege nahe der Hütte auf der Landkarte aus. Dieses Netz eröffnet zahlreiche Möglichkeiten, das Rifugio Nuvolau von den Pässen Falzarego (2105 m) im Norden und Giau (2236 m) im Süden zu erreichen – von beiden Seiten sogar noch einmal mit zusätzlichen Liften.

Eine grandiose Rundwanderung bietet vor allem der Startpunkt direkt am Passo Falzarego. Sie führt über zuerst sanfte Wiesenlandschaft und durch unzählige Alpenrosenbüsche in die Steinwelt an der Scharte Forcola Gallina. Dort taucht erstmals das scheinbar unerreichbar auf einem Felskopf sitzende Rifugio Nuvolau auf. Nach einem Dolomiten-Leckerbissen-Weg entlang der senkrechten Wände des Monte Averau (2648 m) führt jedoch eine gutmütige Rampe dort hinauf. Auf dem Rückweg lassen sich die Felstürme Cinque Torri aus der Nähe bestaunen, und ein Teil des Dolomiten-Fernwanderwegs Nr. 1 führt durch märchenhafte Stein- und Waldgebiete zum Pass zurück. Traumhafte Landschaft gibt es eben nicht nur auf dem Gipfel des Nuvolau.

Dolomitenberge so weit das Auge reicht. Rechts im Bild ragt der 2648 Meter hohe Monte Averau auf. An seinen Wänden führt einer der Zustiege entlang.

Das Rifugio Tissi strahlt abends Geborgenheit aus. Wohltuend – im Angesicht der riesigen Civetta-Nordwestwand, die als »Königreich des sechsten Grades« in die Klettergeschichte einging.

Rifugio Tissi

IN DER WELT DER VERTIKALEN

Alle kommen wegen ihr, doch nur die wenigsten wagen sich an sie ran: die 1000 Meter hohe Civetta-Nordwestwand. Düster, schattig und mit Schneeflecken durchsetzt ragt dieses kilometerbreite Bollwerk der Natur auf, direkt gegenüber dem Rifugio Tissi (2250 m). In den 1920er-Jahren ging sie als »Königreich des sechsten Grades« in die Alpingeschichte ein. Was damals an der Grenze des Menschenmöglichen war, gilt noch heute als extrem schwer. »Vielleicht klettern 50 Seilschaften im Jahr die Wand«, schätzt Paola Bellenzier. »Und die meisten brauchen zwei Tage dafür.« Sie und ihr Mann Valter bewirten die Hütte in Ehrfurcht einflößender Lage auf der Cima di Col Rean.

Paola wirbelt dabei mit so viel Energie durch das gemütlich modernisierte Haus, dass wir manchmal nur noch ihren blonden Zopf durch die Luft fliegen sehen. Sie nimmt Bestellungen entgegen, serviert und hat dabei noch ein offenes Ohr für ihre Gäste. Doch wenn es um die Wand geht, fragen alle nach Valter. Er ist bescheiden, hält sich zurück, doch seine Frau sagt von ihm: »Er kennt alle Routen in der Wand. Wenn kein Valter hier ist, klettert auch kaum jemand.«

Das Rifugio Tissi dient zwar als Stützpunkt für Kletterer, doch vor allem als Aussichtsloge. Vergleichbares findet sich höchstens am Rifugio Nuvolau: Beide Hütten sitzen auf einem kleinen Berg in riesenhafter Umgebung, doch hier verstellt das Schaustück Civetta die Rundumsicht. Das Schutzhaus bietet sich also als Einkehr bei den langen Wanderungen an, die an der Civetta-Wand entlangführen. Dazu gehören auch der Dolomiten-Fernwanderweg Nr. 1 sowie die Via Alpina von Monaco nach Venedig.

Hütteninfos

HÖHE	2250 m
TALORT	Alleghe (979 m)
ANFAHRT	Mit dem Auto über den Brenner bis kurz vor Bruneck und durch das Val Badia. Weiter über den Passo Falzarego nach Alleghe. Mit dem Zug nach Trient und per Bus nach Alleghe.
ZUSTIEG	Von Alleghe mit der Gondel zum Col di Baldi und auf Weg Nr. 561 in die Forc d'Alleghe. Nun auf Weg Nr. 556 steil zur Coldai-Hütte und zum gleichnamigen See. Dem Weg Nr. 560 unter der Civetta-Nordwestwand folgen, bis rechts der Abzweig zum Rifugio Tissi kommt. Abstieg steil, teils gesichert auf Weg Nr. 563 nach Mesare und an der Straße zurück nach Alleghe.
HÖHENMETER	1100 im Aufstieg und 2000 im Abstieg
SCHLAFPLÄTZE	65 Plätze in Zimmern und zwölf im Winterraum
KARTE	Tabacco Blatt 2 *Val di Fassa–Alta Badia–Val Gardena/Gröden*, 1:50 000
BUCHUNG	Tel. +39.0437.721644 oder www.rifugiotissi.com

Doch auch auf strammen Tagestouren lässt sich die Hütte erreichen. Abwechslungsreich und alpin gestaltet sich dabei etwa eine Runde über Alleghe. Auch wenn sich dabei tausend Höhenmeter per Seilbahn zum Col di Baldi (1920 m) abkürzen lassen, fällt sie alles andere als kurz aus. Nach einem sanften Abstieg im Grünen geht es bald in die steile und felsige Welt der Dolomiten. Gute Wanderwege führen zur Coldai-Hütte und durch eine oft windige Scharte zum gleichnamigen See. Hier sind schon Teile der Riesenwand zu erkennen, doch das folgende Auf und Ab bis unter das Rifugio Tissi eröffnet immer neue Blicke auf sie. Unter normalen Umständen würden wir vielleicht monieren, dass dieser Weg sich mit seinen vielen tiefen Scharten ganz schön zieht. Doch dazu sind wir hier viel zu sehr mit Staunen beschäftigt.

Erst beim letzten Anstieg zur Hütte drehen wir der Civetta den Rücken zu. Am Gipfel der Cima di Col Rean wartet der Blick auf eine andere Wand: Erschreckend steil pfeift es 1300 Höhenmeter zum Lago di Alleghe hinab. Wer stirnrunzelnd in der Hütte sitzt und vor Sorge nichts essen kann, weil er nicht weiß, wie er denn nun hinunterkommen soll, den beruhigt Paola Bellenzier: Der Weg nach Masare am See sei zwar sehr steil, aber an den entscheidenden Stellen gut gesichert, verspricht sie. Zwei Stunden später, der düsteren Wand entflohen und am lieblichen See gelandet, wissen wir, dass sie recht hatte.

Ungeschützt liegt das Rifugio Tissi auf dem Gipfel der Cima di Col Rean, 1300 Höhenmeter über dem Lago di Alleghe.

WEITERE HÜTTENZIELE IN ITALIEN

Becherhaus

Spektakulär liegt das Becherhaus auf dem Gipfel des Becher auf der Südtiroler Seite der Stubaier Alpen. Alle Wege dorthin sind lang und führen in eisige Hochgebirgswelt. Vom Haus aus lassen sich große Stubaier Gipfel besteigen.

HÖHE 3195 m
TALORT Ridnaun (1342 m)
ANFAHRT Mit dem Auto über den Brenner bis nach Sterzing und ins Ridnauntal abbiegen. Über Ridnaun und Maiern zum Parkplatz an der Erzaufbereitung am Talende. Mit dem Zug zum Bahnhof Sterzing und mit dem Bus ins Ridnauntal bis Maiern/Erzaufbereitung im Talschluss.
ZUSTIEG Vom Parkplatz an der Erzaufbereitung auf Weg Nr. 9 über die Grohmannhütte und Teplitzer Hütte zum Becherhaus. Gletscherzustiege sind von der Timmelsjochstraße oder der Dresdner Hütte über dem Stubaital möglich.
HÖHENMETER 1850
SCHLAFPLÄTZE 40 Betten in Zimmern und rund 60 in drei großen Matratzenlagern
KARTE Kompass Blatt 44 *Sterzing/Vipiteno*, 1:50000
BUCHUNG E-Mail an anmeldung@becherhaus.com

Rifugio Vioz

Das Rifugio thront am Südostrücken des Monte Vioz in herrlicher Lage. Von dort aus geht der Blick beinahe über das gesamte Trentino. Sie gehört zu den höchstgelegenen Hütten der Ostalpen.

HÖHE 3535 m
TALORT Peio (1579 m)
ANFAHRT Mit dem Auto über den Brenner und Bozen oder den Reschenpass und Meran ins Val di Sole, bis es rechts ins Val di Peio geht. Mit dem Zug nach Trient und per Bus via Lavis und Mezzana nach Peio.
ZUSTIEG Von der Bergstation der Bahn Peio 3000 auf dem Weg Nr. 138 an der Materialseilbahn vorbei. Wo der Pfad in den Weg 105 mündet, nach links wenden und hinauf zur Hütte.
HÖHENMETER 600
SCHLAFPLÄTZE 60 Betten in Zimmern
KARTE Kompass Blatt 683 *Trentino*, 1:50000
BUCHUNG Tel. +39.0463.751386 oder Buchungstool auf www.rifugiovioz.it

Rifugio Nino Pernici

Verwunschen gelegene Hütte in den waldreichen Bergen über dem Gardasee und beliebtes Ziel für Mountainbiker. Sie liegt nahe einer Wegkreuzung und bietet viele Wandermöglichkeiten – auch aussichtsreiche Gratwege auf die umliegenden Gipfel.

HÖHE 1600 m
TALORT Riva del Garda (70 m)
ANFAHRT Mit dem Auto über den Brenner und die A22 in Richtung Gardasee, dann über Riva del Garda nach Tenno. Dort bergauf nach Westen und über Pranzo und Campi zum Parkplatz Malgo Pranzo am Ende der Straße. Mit dem Zug nach Rovereto und per Bus nach Tenno. Weiter per Taxi.
ZUSTIEG Vom Parkplatz Malgo Pranzo über ein schmales Sträßchen und dann über gute Wanderwege zur Malga Dosso dei Fiori. Nun, weiterhin auf Weg Nr. 402, deutlich steiler bergauf und am Kamm das letzte Stück wieder auf Schotterpiste zur Hütte.
HÖHENMETER 600
SCHLAFPLÄTZE 30 Betten in Vierer- und Sechserzimmern
KARTE Kompass Blatt 683 *Trentino*, Karte 3, 1:50 000
BUCHUNG Tel. +39.349.3301981 oder +39.0464.505090; Kontaktformular auf www.pernici.com

Gute Planung erleichtert jede Tour – wie hier im Bild über dem Gardasee.

Nach einem Gewitter: die Tribulaune in den Stubaier Alpen ▽▽

Praktische Tipps

JEDER BERG IST ANDERS

Jede Bergtour verläuft unterschiedlich, jeder Hüttenzustieg hat seine Eigenheiten. Und natürlich sieht auch die Welt hoch oben je nach Wetter und Jahreszeit immer wieder ganz anders aus. Hier ein paar Tipps, welche Ausrüstung auf dem Weg zu welcher Hütte sinnvoll sein kann.

Wander- und Hütten-Ausrüstung

Bei vielen Touren genügt die gewöhnliche Wanderausrüstung, also gute Bergschuhe und nach Belieben Teleskopstöcke, plus ein paar Extras für die Nacht in der Hütte. In den Rucksack gehören stets: regen- und winddichte Kleidung, Mütze und Handschuhe (auch im Sommer), ein Pullover, Sonnenbrille und -creme, genügend Wasser und Essen, Karte und Mobiltelefon sowie ein Erste-Hilfe-Set. Bei einer Hüttenübernachtung sollten nicht fehlen: Hüttenschlafsack, T-Shirt und Socken zum Wechseln, Stirnlampe, Bargeld, je nach Haus Hüttenschuhe sowie bei Bedarf Ohrenstöpsel.

Ziele im Eis

Zwar handelt es sich bei den allermeisten Hütten in diesem Band um Wanderziele, doch ein paar sind nur über Gletscher zu erreichen. Hochtourenausrüstung – und Training im Umgang damit – ist also nötig. Zur Gletscherausrüstung gehören: Seil, Hüftgurt, Steigeisen, Pickel, Karabiner und mindestens eine Eisschraube pro Person. Zu den hier genannten Hochtourenzielen gehören: Rauhekopfhütte (S. 94), Mittellegihütte (S. 180), Bertolhütte (S. 180), Cabane du Mountet (S. 181) und das Becherhaus (S. 232).

Andere hohe Ziele

Viele Hütten lassen sich zwar ohne Gletscherberührung erreichen, liegen aber trotzdem hoch oben. Früh oder spät im Sommer oder nach einem Kälteeinbruch können daher Leichtsteigeisen oder Grödeln sowie eine Daunenjacke nicht schaden. Besonders bei folgenden Hütten ist auch ohne Gletscher mit Schnee und Eis zu rechnen: Meilerhütte (S. 34), Kaunergrathütte (S. 98), Schreckhornhütte (S. 160), Zwickauer Hütte (S. 190), Schwarzensteinhütte (S. 212) sowie Rieserfernerhütte (S. 218). Das gleiche gilt an der Ötztaler Drei-Hütten-Runde (S. 84). Diese Hüttenzustiege verlangen auch aufgrund ihrer Länge einiges ab. Ein zeitiger Aufbruch empfiehlt sich dort besonders wegen der im Tagesverlauf steigenden Gewittergefahr.

Zugaben

Einige Hütten, die hier beschrieben werden, liegen direkt auf Gipfeln, andere sind Ausgangspunkt für eine Vielzahl von Touren. Hier einige Tipps, wo sich besonders lohnende Ziele für Schwindelfreie ohne zusätzliche Ausrüstung erreichen lassen: Waltenberger Haus (S. 28): Mädelegabel (2645 m); Blaueishütte (S. 60): Schärtenspitze (2153 m); Kaiserjochhaus (S. 76): Malatschkopf (2368 m) und Grieskopf (2581 m); Kaunergrathütte (S. 98): Plangeroßkopf (3053 m); Erlanger Hütte (S. 104): Wildgrat (2971 m); Friesenberghaus (S. 124): Hoher Riffler (3231 m) und Petersköpfl (2679 m); Tschiervahütte (S. 174): Piz Tschierva (3546 m); Zwickauer Hütte (S. 190): Hinterer Seelenkogel (3475 m); Rieserfernerhütte (s. 218): Fernerköpfl (3251 m).

FRANK-
REICH
DEUTSCHLAND
Bodensee
Ostlerhütte
Oberstdorf
Allgäuer Hochalpen
Waltenberger
Haus
Zürich
LIECHTENSTEIN
Kaiserjochhaus
St. Anton
Luzern
Vierwaldstättersee
Bern
SCHWEIZ
Piz Buin
Brienzersee
Thunersee
Interlaken
Grindelwald
Lauterbrunnen
Mittellegihütte
Schreckhornhütte
Gletscherhorn
Bietschhorn
Wiwannihütte
Tschiervahütte
Sitten
Locarno
Sünders
Rifugio Al Legn
Comer See
Cabane du
Mountet
Zermatt
Lugano
Bertolhütte
Schönbielhütte
Lago Maggiore
Matterhorn
Monte
San Giorgio
Como

München
Ammersee
Starnberger See
Chiemsee
Rosenheim
Salzburg
Bad Tölz
Priener Hütte
Chiemgauer Alpen
Lenggrieser Hütte
Hirschberghaus
Berchtesgaden
Weilheimer Hütte
Blaueishütte
Garmisch-Partenkirchen
Soiernhaus
Brandenberger Alpen
Kitzbühel
Zugspitze
Meilerhütte
Brunnsteinhütte
Lamsenjochhütte
Hochkönig
Salzburger Schieferalpen
Zell am See
Innsbruck
Königsleiten
Erlanger Hütte
Ferleiten
Hintertuxer Gletscher
Zittauer Hütte
Winnebachseehütte
Blaserhütte
Oberwalderhütte
ÖSTERREICH
Friesenberghaus
Großvenediger
Kaunergrathütte
Innsbrucker Hütte
Großglockner
Heiligenblut
Schwarzensteinhütte
Olpererhütte
Becherhaus
Rieserfernerhütte
Breslauer Hütte
Vernagthütte
Zwickauer Hütte
Bruneck
Ötztaler Alpen
Brixen
Dreiheiden
Karnische Alpen
Piz Boè
Bozen
Schlernhaus
Rifugio Nuvolau
Rifugio Vioz
Rifugio Tissi
SLOWENIEN
Trient
Rifugio Don Zio Pisoni
ITALIEN
Monte Bondone
Rifugio Nino Pernici
Rifugio Altissimo Damiano Chiesa
Gardasee

DIE AUTOREN

© Raymond del Sel

BERND RITSCHEL wurde 1963 im oberbayerischen Wolfratshausen geboren und lebt heute mit seiner Familie in Kochel am See. Seit mehr als 30 Jahren liegt der Schwerpunkt seiner fotografischen Arbeit in den Bergen der Welt. Über 30 Bildbände, mehrere Lehrbücher, Kalender, dazu unzählige Veröffentlichungen in großen Magazinen spiegeln seine fotografische Leidenschaft wider. In den beiden vergangenen Jahren hat Bernd Ritschel über 80 Tage auf Hütten verbracht um den vorliegenden Bildband möglichst aktuell zu fotografieren. Bei National Geographic erschienen von ihm zuletzt die Bestseller »Wilde Alpen«, »Hütten – Sehnsuchtsorte in den Alpen«, sowie sein Meisterwerk »Dark Mountains«.

© Eugenia Eberhard

FRANK EBERHARD, geb. 1985 in Südfrankreich, lebt jetzt in Memmingen und hatte schon immer Bezug zu den Bergen und zur Natur. Er ist als freier Journalist und Autor tätig. Mit Schwerpunkt und besonderer Freude arbeitet er an Reise- und Bergthemen. In der Natur liebt er das klassische Bergsteigen und geht gerne auf mehrtägige Trekkingtouren. Unterwegs für dieses Buch, in einem Sommer auf 25 Hütten, lernte er die Vielfalt der Alpen noch einmal neu kennen.
www.frankeberhard.de

© Tom Dauer

SANDRA FREUDENBERG wuchs gemeinsam mit dem Sohn des Försters, einer Herde Damwild und zwei bis drei Ponys in der Eifel auf. Mit 17 Jahren zog sie in die Alpen, wo sie zur Alpinistin wurde. Das hinderte sie nicht daran, in den darauf folgenden Jahren in New York zu studieren. Sie schreibt u. a. für die taz Berlin, alle renommierten Bergzeitschriften und für National Geographic. Der ehemalige Streuner Vasco hat Sandra für dieses Buch auf jede Hütte begleitet.

TEXTNACHWEIS: Alle Texte von Frank Eberhard, außer Weilheimer Hütte, Brunnsteinhütte, Soiernhaus, Lenggrieser Hütte, Lamsenjochhütte. Für diese zuletzt genannten Texte zeichnet Sandra Freudenberg verantwortlich.

BILDNACHWEIS: Alle Bilder des Umschlags und des Innenteils stammen von Bernd Ritschel, außer: S. 67 li. Frank Eberhard

Umschlagvorderseite: Die Schönbielhütte im Wallis
Umschlagrückseite: Am Monte Altissimo über dem Gardasee
Seite 1: Das Matterhorn spiegelt sich im Fenster der Schönbielhütte
Seite 2/3: Die Erlanger Hütte am Wettersee
Seite 4/5: Das Schlernhaus vor dem Rosengarten
Seite 8/9: Auf dem Gepatschferner
Seite 10/11: Die Schönbielhütte und rechts oben das Matterhorn
Seite 12/13: Blankenstein und Risserkogel leuchten im Abendlicht

IMPRESSUM

Verantwortlich: Joachim Hellmuth
Lektorat: Dr. Juliane Braun
Satz und Layout: VerlagsService Gaby Herbrecht
Repro: Ludwig:media
Korrektorat: Gesa Wendhack
Kartografie / Illus: Esther Gonstalla
Umschlaggestaltung: Nina Andritzky, Christa Thieser
Herstellung: Bettina Schippel
Printed in Italy by Printer Trento

Sind Sie mit diesem Titel zufrieden? Dann würden wir uns über Ihre Weiterempfehlung freuen.

Erzählen Sie es im Freundeskreis, berichten Sie Ihrem Buchhändler, oder bewerten Sie bei Onlinekauf. Und wenn Sie Kritik, Korrekturen, Aktualisierungen haben, freuen wir uns über Ihre Nachricht an NG Buch-verlag, Postfach 40 02 09, D-80702 München oder per E-Mail an info@nationalgeographic-buch.de.

Unser komplettes Buchprogramm finden Sie unter

 www.nationalgeographic-buch.de 

Alle Angaben dieses Werkes wurden von den Autoren sorgfältig recherchiert und auf den neuesten Stand gebracht sowie vom Verlag geprüft. Für die Richtigkeit der Angaben kann jedoch keine Haftung übernommen werden. Sollte dieses Werk Links auf Webseiten Dritter enthalten, so machen wir uns die Inhalte nicht zu eigen und übernehmen für die Inhalte keine Haftung.

Die Deutsche Nationalbibliothek verzeichnet diese Publikation in der Deutschen Nationalbibliografie; detaillierte bibliografische Angaben sind im Internet über http://dnb.d-nb.de abrufbar.

ISBN 978-3-86690-616-7

Seit ihrer Gründung 1888 hat sich die National Geographic Society weltweit an mehr als 12 000 Expeditionen, Forschungs- und Schutzprojekten beteiligt. Die Gesellschaft erhält Fördermittel von National Geographic Partners LLC, unterstützt unter anderem durch Ihren Kauf. Ein Teil der Einnahmen dieses Buches hilft uns bei der lebenswichtigen Arbeit zur Bewahrung unserer Welt. Das legendäre NATIONAL GEOGRAPHIC-Magazin erscheint monatlich. Darin veröffentlichen namhafte Fotografen ihre Bilder und renommierte Autoren berichten aus nahezu allen Wissensgebieten der Welt. National Geographic im TV ist ein Premium-Dokumentations-Sender, der ein informatives und unterhaltsames Programm rund um die Themen Wissenschaft, Technik, Geschichte und Weltkulturen bereithält. Falls Sie mehr über National Geographic wissen wollen, besuchen Sie unsere Website unter www.nationalgeographic.de.